本书为湖南省社科基金项目高校思想政治教育研究项目："四史"教育融入高校思想政治教育路径研究（21B29）重要阶段性成果，受湖南省高校思政政治工作质量提升工程资助项目。

九州文库

高校思想政治理论课混合式教学研究

刘淑娟 著

九州出版社
JIUZHOUPRESS

图书在版编目（CIP）数据

高校思想政治理论课混合式教学研究／刘淑娟著

. －－北京：九州出版社，2021.11

ISBN 978-7-5225-0698-2

Ⅰ.①高… Ⅱ.①刘… Ⅲ.①高等学校—思想政治教育—教学研究—中国 Ⅳ.①G641

中国版本图书馆 CIP 数据核字（2021）第 241502 号

高校思想政治理论课混合式教学研究

作　　者	刘淑娟　著
责任编辑	曹　环
出版发行	九州出版社
地　　址	北京市西城区阜外大街甲 35 号（100037）
发行电话	（010）68992190/3/5/6
网　　址	www.jiuzhoupress.com
印　　刷	唐山才智印刷有限公司
开　　本	710 毫米×1000 毫米　16 开
印　　张	15.5
字　　数	175 千字
版　　次	2022 年 1 月第 1 版
印　　次	2022 年 1 月第 1 次印刷
书　　号	ISBN 978-7-5225-0698-2
定　　价	95.00 元

序　言

　　几天前，我收到刘淑娟老师的信息，说她的专著即将出版。看到信息，我由衷地感到高兴。她发信息一是和我分享喜悦，二是提醒我作序。我曾允诺，一旦她的专著完成，我会作序，我还记得自己说了"季布一诺"四个字。如今，刘老师的《高校思想政治理论课混合式教学研究》一书已经成稿，我的"季布之诺"也要兑现。

　　2018年底，我在上海电机学院参加高校思政课教学与"对分课堂"教研实践体系建设研讨会时，认识了刘淑娟老师。思维活跃、有想法、有干劲、力争上游是我对她的第一印象。当时，她说自己以前在思政课课堂中常常有"无力感"，这种"无力感"主要来自师生隔绝。虽然她备足了课，想尽办法把内容讲得生动，但最终还是很难摆脱"独角戏"的结果。我问她是否已经在进行课堂教学改革，比如在教学内容、教学形式等方面做些创新。她说自己从"对分课堂"教学模式中汲取了一些智慧，有了新的想法，近一年来都在实践摸索，而且明显感觉课堂有起色。她这么说，我感到很高兴，"花开之时，当友朋共赏"，鼓励她把自己的理论思考和实践经验写成专著。她一口谢绝了，说自己办不到。我觉得她是谦辞，像她这么有情怀和智慧的人，没有什么事是办不到的。

随后，刘淑娟老师经常就对分课堂、混合式教学、课堂管理、教学内容创新、师生关系构建等问题与我讨论。在讨论中我能感受到她灵活的思维和深厚的实践能力，再一次鼓励她把自己的所思、所想、所行写成专著。或许是被我说动了，她承诺三年内写出一本专著。作为"交换"，我要为她的专著作序，这就有了前面的"季布一诺"。现在，看着摆在面前、颇有分量的这本文稿，我在高兴之余，内心也生出一丝自豪来。毕竟，我对这本书的诞生也是有推动功劳的。

刘老师把这本专著称为"阶段性的经验总结"，我深表赞同，原因有二：

其一，这本专著是她鲜活教学的经验总结，"个人思考"处处可见，"心得感悟"俯拾皆是。她对高校思想政治理论课混合式教学的理论基石、现实支点、主要模式研究、主要高校实践经验的深刻研究来自大量的资料查阅和亲身调研。没有资料和调研的支撑，这些厚重文字的生发是不可想象的。她对高校思想政治理论课混合式教学目前存在的短板以及优化路径的分析，更能看到其扎实经验凝聚的功底。

其二，这本专著的确有"阶段性"，体现在混合式教学和作者两个层面。混合式教学这种教学模式一定是不断发展和完善的，目前的它只是一种阶段性的表现。对于作者来说，这本专著是基于刘老师当前的理论总结和经验反思。这是一本佳作，但只是开始，更精彩的还在后面。一个优秀的教师，一定是一个不断成长的教师，也一定是一个懂得如何成长的教师。"一万年太久，只争朝夕"，有这样拼搏精神的刘老师，未来一定有更多可期的精彩。

　　我最近7年，一直致力于"对分课堂"教学模式的研发和实践工作，对整体性混合式教学模式，尤其是高校思想政治理论课的混合式教学在一定程度上关注不够。拜读了刘淑娟老师的这本专著，使我对高校思想政治理论课的混合式教学有了很系统性的认识，这于我来说是很大的收获。这本专著吸引我的地方还有很多，到处都有"亮闪闪"的观点，在我心里引发共鸣。读者朋友们也一定能像我一样，从书中找到属于自己的合拍"鼓点"。是为序。

张学新

2021 年 4 月 12 日

前　言

青年大学生是祖国的未来、民族的希望，对青年大学生最重要的最关键的教育是教给他们正确的思想、引导他们走正路。也就是要求在教育过程中扎扎实实把"立德树人"这一根本任务做好。思政课是落实立德树人根本任务的关键课程，思政课作用不可替代。思政课办得好不好，决定了社会主义事业的建设者和接班人培养得好不好。思政课的重要性不言而喻，但讲好思政课并不容易，这门课的要求很高。因此，要扎根大地，改革创新。习近平总书记强调："要推动思想政治理论课改革创新，不断增强思政课的思想性、理论性和亲和力、针对性。"这一讲话精神为高校思想政治理论课教学改革创新提供了根本遵循。

高校思想政治理论课教学改革创新是时代大背景下的必然产物。当前，就世界范围而言，世界百年未有之大变局加速演变，虽然"和平与发展"仍是时代的主题，但单边主义、保护主义、霸权主义对世界的和平与发展仍构成威胁。一系列的不稳定性、不确定性因素造成了国际社会关系的复杂多变，意识形态领域也不平静，斗争和较量有时十分尖锐，并且出现新趋向。就国内形势而言，我国正处于"两个一百年"的历史交汇期，全面深化改革的关键期。社会结构深层变迁，当前和今后一个时期，我国发展仍然处于重要战略机遇期，机遇和挑战都将有新的发展变化。这为高校人才培养支开了一个宏大的"背景"。习近平总书记指出："做好高校思想政治工作，要因事而化、因时而进、因势而新。"在今天"总的背景"下，高校思想政治理论课教学责任更大、任务更重、要求更多、创新更迫。

　　我从事高校思想政治教育工作已逾二十载，这二十年来始终为"站稳讲台、站好讲台、成就讲台"而孜孜以求。近几年，在习近平总书记关于高校思想政治教育工作重要讲话精神的指引下，在大数据、新媒体、"互联网＋"的快速发展的现实形势下，在对多年思政课一线教学经验进行总结的思想准备下，我在思政课混合式教学上进行了一定探索，形成了一些思考。混合式教学是高校思想政治理论课教学改革创新的时代新路，也是增强亲和力和针对性，赢得学生喜欢的必由之路。采取了"互联网＋思政"等模式，有学生评价，现在上思政课"越来越有意思""越来越有收获"。当然，在具体的教学过程中，娴熟运用混合式教学手段并使之充分发挥能量，还有待于进一步"发力"。有鉴于此，我觉得有必要对思政课混合式教学进行阶段性总结和聚焦式提质。于是，有了这本书。

　　本书以马克思主义为指导思想，以习近平新时代中国特色社会主义思想和习近平关于高校思想政治教育的重要论述为根本遵循，研究了高校思想政治理论课混合式教学的本质内涵、理论基石、现实支点、主要模式、实践经验、弱项短板，提出了高校思想政治理论课混合式教学的优化路径。全书共有七章。第一章论述了高校思想政治理论课混合式教学的意涵、特征和时代意义；第二章阐释了高校思想政治理论课混合式教学的理论渊源；第三章分析了高校思想政治理论课混合式教学存在的现实支点；第四章重点研究了当前高校思想政治理论课混合式教学的主要模式；第五章通过对全国主要高校思想政治理论课教学模式进行研究，总结实践经验；第六章立足于现实，通过研究分析找准高校思想政治理论课混合式教学推进过程中存在的短板；第七章为高校思想政治理论课混合式教学的推进提供思路和对策。

高校思想政治理论课混合式教学的主要模式、全国主要高校思想政治理论课教学模式经验总结、高校思想政治理论课混合式教学的优化路径是本书的三个重点，这三章在逻辑上具有递进关系，体现了"理论—实践—升华"的层层推进和深化。目前，在现代信息技术和新媒介的支撑下，在构建新型师生关系的教育理论驱动下，高校思想政治理论课教学在内容、手段和评价上呈现出"百花齐放"的创新势头，翻转课堂、对分课堂、创客教学、微格教学、PBL教学模式被全部或部分运用到课堂教学中来，为思政课注入了新鲜血液，一定程度上提高了亲和力、针对性，使入脑入心入行成为可能。以清华大学、复旦大学、北京大学、中国人民大学、武汉大学、东北师范大学为代表的主要高校，在思政课混合式教学上做出了诸多有益尝试，它们要么开辟了中国最早的"混合式慕课"，要么充分打通了第一课堂和第二课堂的教学渠道，要么在线上线下协调育人上下了一番绣花功夫，总体来说取得了明显的阶段性成绩，形成了较为丰富的推进思政课混合式教学的经验。

高校思想政治理论课混合式教学的优化路径是本书的重中之重。混合式教学教学维度众多、面向广泛，不是某一个或者某两个要素的结合，也不是传统教学和网络教学的简单叠加或"你一块我一块"

式的拼图。混合式教学并非是在"木桶"的短板上拼接一块,而是重新整合所有的"木板",拼成一个全新的"木桶"。它不仅实现了教学形式的混合,比如讲授式、讨论式、研究式、案例式、在线学习、翻转课堂等,还实现了各种教学策略的深层次交互融合。其实,在思想政治理论课教学中运用好混合式教学并不容易,有一些短板需要补齐,有一些堵点需要疏通,有一些弱项需要强化,既要做好线上教学和线下教学"两头"工作,又要做好要素"你就是我,我就是你"的整合工作,总体上协同推进高校思想政治理论课混合式教学的增量提质。

全书紧紧围绕思政课混合式教学这一主题,在内容上,抓住"圆心",全面铺开,从产生到发展,从意义到实践,从理论分析到经验总结,力求系统、整体、精细。在方法上,实证研究贯穿全书,问题的发现、主要模式的研究、经验的提纯以及对策的提出,无不是基于现实和调查研究,避免纯理论的空洞,力求所提对策有据、可取、可行。这是本书写作的初衷和要旨,我相信只要方向是对的,努力就不会白费。如果本书有一点或几条内容赢得了读者们的"青睐",那本书所做出的尝试就会因为有共鸣者而格外增色了。毫无疑问,随着时代的发展和社会的进步,今后还会有更多的教学形式被混合起来,在不同的时期、不同教学阶段就会有不同的组合,混合式教学也就会有不同的内涵。但混合式教学既发挥教师的主导作用,又体现学生的主体地位,最终达到科学的理想的教学效果的追求是始终不变的。为了这个追求,我们所有高校思想政治教育工作者们应该携起手来,为培养社会主义事业的建设者和接班人贡献力量。

目　录
CONTENTS

第一章　高校思想政治理论课
混合式教学意涵界定

第一节　混合式教学概念

教学模式指的是具有独特风格的教学样式。它是对相当量教学实践的理论概括，在一定程度上揭示了教学活动的普遍性规律。通常来说，教学模式并不指涉具体的学科内容，其根本价值主要在于对一般性教学起参考作用，具有一定的稳定性和普遍性。教学模式在一定的教学目标、教学条件、教学理论与实际有机结合多要素共同作用下逐渐形成，它是一种教学理念，更是一种教学实践，它凝结成理论结构，最终回到教学实践中去。任何一个教师在教学过程中都会自觉或不自觉采用一定的教学模式，每一种教学模式都有其时代性和适用度。随着时代的发展和社会空间的交错，新的教学模式不断被催生出来，混合式教学就是其中的典型。

"混合式教学"的定义是由艾勒特·马西埃研究了传统学习理论

与 E - learning 学习理论后提出的。国外对混合式教学的研究始于 20
世纪 90 年代末。2000 年，在《美国教育技术白皮书》中第一次提
出"混合教学"的概念。迈克尔·霍恩与希瑟·斯泰克在《混合式
学习：用颠覆式创新推动教育革命》一书中，将"混合式教学"定
义为："学生在学习过程中，学习的实体场所至少有部分时间需要在
家以外的能受到监督的实体场所，并且需要进行部分任何正规教育
课程的在线学习部分，但整个学习过程中学生可以自主控制学习的
时间、地点、路径或者进度。"① 概念的演变与发展已历经了 3 个阶
段。早期，美国斯隆联盟极具代表性地提出，混合式教学是"面对
面"教学与在线教学的结合，糅合了两种历史各自独立的教学模式：
传统的面对面教学与在线学习。即在教学内容上结合了一定比例的
在线教学及面对面教学"②。2007 年后，美国斯隆联盟对概念进行了
更新，进一步厘清了混合式教学中线上与线下教学的比例，提出只
有"30% ~ 79% 的教学内容采用在线教学"③ 才能被称为混合式教
学。2013 年后，在"互联网 +"快速发展的影响下，混合式教学的
概念和内容进一步得到发展，被定义为"基于移动通信设备、网络
学习环境与课堂讨论相结合的教学情境"④。此时的混合式教学突出
以学生为中心，为学生创设一种参与度高、追求个性化学习体验。

---

① ［美］迈克尔·霍恩，希瑟·斯特克. 混合式学习：用颠覆式创新推动教育革
命［M］. 聂风华，徐铁英，译. 北京：机械工业出版社，2015：55.
② Allen, E., & Seaman J. (2005). Growing by degrees：On - line education in the
United States［EB/OL］. ［2015 - 12 - 20］. http：//onlinelearningconsortium.
org/publications/survey/growing_ by_ degrees_ 2005.
③ 汪令国，孟红娟. 透视美国网络高等教育现状的一个窗口——斯隆联盟 2007 年
网络高等教育报告解读［J］. 开放教育研究，2008（5）：108 - 112.
④ 虎二梅，谢斌. 基于学习通平台的混合式教学实践研究——以"现代教育技术
应用"为例［J］. 数字教育，2019（10）：49 - 53.

国内最早正式倡导混合式教学模式的是北京师范大学的何克抗教授。他认为，"混合式教学"模式糅合了传统教学和网络教学的优势，实现教师主导作用和学生主动性、积极性与创造性的共同发挥，是在传统基础上的以新技术为支撑的教学方式的现代创新。① 2003年，祝智庭教授在《远程教育中的混合学习》中介绍了 blended learning 的概念。2004 年，李克东教授在《混合学习——信息技术与课程整合的有效途径》报告中，创造性地提出了混合式教学的 8 个步骤，从具体的实践操作上对混合式教学进行了细致化、实际化和深层次的论述。之后，北京师范大学的黄荣怀教授提出，混合式学习"是一种基于网络环境发展起来的新兴教学策略"②。综之，混合式教学就是要充分发挥"线上"和"线下"两种教学的优势，改造传统教学，改变课堂教学过程中教师讲授多而学生参与少、教学物质空间有限、学生学习结果因个体性特点或外在条件而差异过大等问题。

混合式教学是多元教育教学理论影响下的产物，其理论基础比较丰富，包括建构主义学习理论、联通学习理论、人本主义学习理论等。其中混合式教学受建构主义学习理论的影响很大。布鲁纳的教育理论认为，学生是主动地接受知识，是接收信息的加工者。建构主义学习理论把关注点放在学习者的自主学习上，认为每个学习者都具有主动探索知识和发现知识的能力和倾向。建构主义学习理论对学习者自主学习的积极性和主动性的重视，与现代远程教育的教学特点和发展趋势极为符合。混合式教学吸取多种学习理论的积

---

① 何克抗. 从 Blending Learning 看教育技术理论的新发展［J］. 中国电化教育，2004（3）：5–10.
② 黄荣怀. 混合式学习的理论与实践［M］. 北京：高等教育出版社，2006：126.

极因素，混合线上教学和传统课堂教学两种教学方式，扩展了传统教学的时间和空间，"教"和"学"从固定的时间和空间限制中被"解放"出来，同一的时间同一的地点进行教学活动的模式已经不再是必要。

如今，随着计算机的普及，"一云二大三网"现代化科学技术的快速进步以及 MOOC 的兴起，混合式教学成为教育领域备受讨论和大受欢迎的"宠儿"，其概念也有了新的丰富。混合式教学利用新兴的线上教学如翻转课堂（flipped classroom）等，把传统的学习过程翻转过来，让学习者在课外时间完成针对知识点和概念的自主学习，课堂则成为师生实实在在的互动场所，从而提升传统教学品质，实现"线上"＋"线下"两相结合的教学。"线上"和"线下"两种途径开展教学是其外在表现形式。通过两种教学组织形式的有机结合，补齐教学短板，疏通教学堵点，可以把学习者的学习由浅到深地引向深度学习。"线上"教学不是整个教学活动的补充和辅助，而是必备和升级。"线下"教学不是传统课堂教学活动的照搬，而是基于"线上"的前期学习成果而开展的更加深入的教学活动。

总的来说，混合式教学维度众多、面向广泛，不是某一个或者某两个要素的结合，也不是传统教学和网络教学的简单叠加或"你一块我一块"式的拼图。混合式教学并非是在"木桶"的短板上拼接一块，而是重新整合所有的"木板"，拼成一个全新的"木桶"。它不仅实现了教学形式的混合，比如讲授式、讨论式、研究式、案例式、在线学习、翻转课堂等，还实现了各种教学策略的深层次交互融合。随着时代的发展和社会的进步，今后还会有更多的教学形式被混合起来，在不同的时期、不同教学阶段就会有不同的组合，混合式教学也就会有不同的内涵。但混合式教学既发挥教师的主导作用，又体现学生的主体地位，最终达到科学的理想的教学效果的追求是始终不变的。

第二节　"两性一度"：高校思想政治理论课混合式教学特征

高校思想政治理论课是加强高校意识形态建设、落实立德树人根本任务的主渠道，是引导大学生树立正确的世界观、人生观和价值观，坚定理想信念的核心课程。办好思想政治理论课，事关意识形态工作大局，事关中国特色社会主义事业后继有人，事关实现中华民族伟大复兴的中国梦，必须始终摆在突出位置，持之以恒、常抓不懈。① 抓思想政治教育，要抓力度，更要抓成效。思想政治教育是"用一定的思想观念、政治观点、道德规范，对其成员施加有目的、有计划、有组织的影响，并促使其自主接受这种影响，从而形成符合一定社会一定阶级所需要的思想品德的社会实践活动"②。这一属性决定了思想政治教育与生俱来的强制性、理论性，天然造成了教学内容在教学主客体间传承和实践的困难，这就对教学"艺术"提出了更高要求。提高高校思想政治理论课成效，需要革新教学理念，在教学模式的创新上下大功夫。

近年来，在现代化信息技术的助力下，在党中央的高度重视和

① 中央宣传部教育部. 印发《普通高校思想政治理论课建设体系创新计划》的通知 [EB/OL]. 中华人民共和国教育部，2015－07－30.
② 陈万柏，张耀灿. 思想政治教育学原理（第三版）［M］. 北京：高等教育出版社，2015：4.

科学部署下，高校思想政治理论课不断在教学形式上进行创新，取得了阶段性成效。2015年中央宣传部、教育部印发《普通高校思想政治理论课建设体系创新计划》，明确提出了"改革教学方法，创新教学艺术"，"积极开展高校思想政治理论课综合改革试点探索，鼓励创新教学模式"。① 各部门和各地各高校认真实施新课程方案，采取一系列重大举措，全面加强和改进思想政治理论课，深入推进中国特色社会主义理论体系进教材进课堂进学生头脑。一批利用创新教学形式开展的思政"金课"大幅度提高了学生的抬头率、点头率，赢得了学生的认可。一定数量的名师名家网络示范课、优质网络教学资源逐步建立起来，如清华大学四门思政课慕课、复旦大学"混合式"慕课等。建立覆盖面广、代表性强的教学方法改革信息库工作也在陆续铺开。总之，教学方法的改革和教学艺术的创新成为高校思政课的重要任务及其提升教学实效性的关键举措。就是在这样的内外因共同作用下，混合式教学与高校思政课"携起手来"，以一种前所未有的力度开辟了高校思政课混合式教学新格局，也由此形成了高校思政课混合式教学时代性、实践性、创新性和挑战度"三性一度"特征。

一、时代性

高校思想政治理论课自新中国成立始，经历了初步发展、曲折、恢复、改革、完善等多个阶段。在几十年发展变化的整体性过程中，高校思想政治理论课呈现出课程体系不断完善、课程内容不断丰富、

---

① 中央宣传部教育部. 印发《普通高校思想政治理论课建设体系创新计划》的通知［EB/OL］. 中华人民共和国教育部，2015 – 07 – 30.

课程目标不断提高、课程教学方式方法不断优化等特点。高校思想政治理论课"52 方案"至"05 方案"的更迭流变彰显了高校思想政治理论课教学内容的稳定式创新性。与课程体系和教学内容稳定式演进形成对比的是，高校思想政治理论课教学模式的创新具有明显的时代性。具体来说：

新中国成立伊始，高校思想政治理论课的课程体系和教学模式得到初步建立。这一时期，在国内外形势的大背景下，高校思想政治理论课教学全盘采用苏联模式。列宁说过"阶级政治意识只能从外面灌输给工人"①，在此影响下的思想政治理论课具有高度的计划性，强调集体主义、接受学习，基本可定性为"集体主义—客观主义"教学模式或者"群体—接受"教学模式。课堂教学是教学活动开展的最主要的形式，教师讲授、学生接受的教条式教学占据绝对性地位，教学极少关注学生的认知规律、主体性发展和生活实际。教学评价以分数为唯一依据，存在唯分数论现象。在此教学模式主导下，高校思想政治理论课教学实效性低下。

1957 年后，随着社会主义"三大改造"的完成，社会主义制度在我国建立起来，我国步入社会主义建设时期。为适应国内政治形势的发展以及社会主义现代化建设的需要，高校思想政治理论课课程体系出现重大调整。但在"反右""大跃进""左倾"思潮的影响下，高校思想政治理论课遭受波折，逐渐违背课程教育教学自然规律，偏离正常轨道。四门课程被并为一门，课程内容也充满了"斗争"意味。1961 年后高校思想政治理论课课程体系得到恢复，课程讲授、自习时间等都作了严格规定，总体上具有进步意义，但这一

---

① 列宁全集（第 6 卷）[M]．北京：人民出版社，1987：76.

进步在"以阶级斗争为纲"错误观点的导引下很快出现偏差,"群体—接受"教学模式仍是这一时期高校思想政治理论课教学的主流。当然,随着教育科学的发展,强制灌输的"注入式"教学的弊端逐步被关注,启发式教学方法开始受到重视,以读书环节的引入为代表的体现学生自主性学习的方法开始在课堂教学中被使用。但总体而言,启发式教学模式因落实不够,并未得到大范围运用,主流教学模式仍是"我讲你听"式的被动接受。

20 世纪 80 年代中期直至 90 年代末期,我国处在极不稳定、充满变局的改革形势下,反对资产阶级自由化的斗争也很激烈,高校思想政治理论课教学在这一时期意义很重大,并由此实现了全面发展。这一时期的高校思想政治理论课教学经历了波折,这些异动在党的十四大之后趋于平稳。这一时期,信息技术兴起,但由于发展不成熟,对教学的支撑力还远远不够,基本处于有一定认识,但少运用或者少深入运用的初级阶段。一方面因为信息技术的发展水平有限,另一方面也因为教学理念常常受制于时代发展,并常常滞后于时代发展。高校思想政治理论课的信息化教学,大体在辅助性应用上,规模化运用和体系化运用上还有待于发展,零星使用、形式大于内容的特征突出。总之,信息技术虽然不断发展,但并未对传统教学模式的改变发生实质性影响,传统教学模式的"惯性"力量依然强大,传统教学理念依然深植。

"05 方案"实施前后,信息技术以前所未有的速度发展,并向教育领域不断施加影响,站在意识形态教育最前沿的高校思想政治教育以其敏感性很快对教学"新空间"做出反应。2004 年 8 月,中共中央、国务院首次提出要"主动占领网络思想政治教育新阵地",这表明面对信息技术的蓬勃发展对教育的冲击与挑战,国家层面积极应对。信息时代的来临，开启了网络思想政治教育的新时代，也开启了信息技术与思想政治理论课教学内容深度融合的新阶段。在大力推动下，高校思想政治理论课信息化建设取得了丰硕成果，教育部社科司主导建设了高校思想政治理论课程网站、全国高校思想政治理论课教师基本状况数据库、高校思想政治理论课教育教学测评系统、高校思想政治理论课专项申报评审平台和教师培训管理系统。由教育部主导的课程数字化建设、优质教育教学资源开发、信息化教学与学习方式创新等工作也取得了一定成效，一批国家精品视频公开课、国家精品资源共享课建立起来。

近些年来，高校思想政治理论课教学最大特点就是深受信息技术影响，从而进行教学模式创新的势头十分强劲。在信息技术的发展过程中，现代媒体要么与传统媒体结合渐进式地改变教学模式，如多媒体辅助教学；要么自成方法，整体上改变教学模式，如开放、虚拟网络学习社区的建立等。全国不少高校积极探索思想政治理论课教学模式改革，并形成了一些可资借鉴的阶段性成果。如复旦大学以翻转课堂教学模式开展"思想道德修养与法律基础"课程，使课程教学令人耳目一新，这一种教学模式受到众多高校欢迎；南京师范大学在"中国近现代史纲要"课程教学中实行在线教学模式；大连理工大学开辟了"开放式"教学模式……在信息技术的发展过程中，高校思想政治理论课教学发生了众多变化，教学资源更加丰富，教学模式更加多样，教学信息化程度更高。但是与信息技术的发展速度，特别是大学生自身发展的需求相比，这一"势头"还明显不够，或者说力度还需进一步加强。总的来说，实现信息技术与教学内容的深度融合还要花大力气、用大智慧、下实功夫。

在一个很长的时期内，高校思想政治理论课教学模式固化严重，几无变化。直到近年来，在现代化信息技术的推动下，在教育教学理念的不断创新下，高校思想政治理论课网络教学越来越繁荣，长势喜人。与此同时，混合式教学模式也逐渐被纳入研究和实践范畴，其教学模式的创新更有了"色彩"。当前高校思想政治理论课教学模式创新如火如荼，各种教学模式层出，但无一例外都体现着混合式教学的特征，混合式教学成为这个时代的思政课教学范式。随着信息技术的进一步发展，混合式教学一定会被赋予更丰富内涵，或发生根本性变化。从历史发展脉络和教育教学发展规律来看，这个论断是可预见的。由此可见，高校思想政治理论课混合式教学具有鲜明的时代性特征。

二、实践性

高校思想政治理论课混合式教学是适应时代发展和内在需求的积极变化，是现实的产物，是实践的衍生。高校思想政治理论课混合式教学自萌发之日起，就带有饱满的实践性。其实践性体现在三个方面，一是教学模式自身的实践特性，二是思想政治理论课教学的实践特性，三是高校思想政治理论课混合式教学的实践特性。教学模式是大量教学实践活动的理论总结和淬炼，具有普遍性规律。准确地说，教学模式是理论和实践两者的媒介，在两者中动态循环，不断追求科学性和有效性。教学模式来源于活动实践，是对具体教学实践方式的"集成"，并为教学活动的进一步开展提供理论依据。不难理解，教学模式是一种理论概括，但值得注意的是，这样的理论概括植根于丰沃的实践土壤，没有教学实践的扶持，教学模式的理论概括将是无本之木。教学模式来源于教学实践，又运用于教学实践，并在教学实践中得到检验、证明和发展。"判断认识或理论之是否真理，不是依主观上觉得如何而定，而是依客观上社会实践的结果如何而定。真理的标准只能是社会实践。"① 离开了教学实践，教学模式只能是未经证实的站不住脚跟的"一纸空文"或"镜花水月"。因此，实践性是教学模式的重要特性。

实践性也是思想政治理论课教学的本质特征。"思想政治教育过程的每一个环节，都是在教育者和受教育者的双边实践活动中得以展开的；思想政治教育过程的基本矛盾运动，也是在社会实践活动中得以推动和发展的。只有在动态的、开放的、丰富的社会实践活动中，思想政治教育过程才能完成。"② 生活的本质是实践的，生活化德育必须进一步深入到生活的本质，必须进一步在加强实践教学上着力。思想政治理论课的内容极为丰富，但都是实践经验的总结和对社会现实的关照，这就决定了思想政治理论课的内在实践性。另外，思想政治教育的阶级性和强制性对教学实效提出更高要求，这也构成了思想政治理论课教学实践性的逻辑起点。也就是说思想政治理论课教学内容是源于实践，并经过实践论证的科学内容，它与生俱来的实践属性影响、指引和决定了它回归实践、指导实践的逻辑旨归。

实践教学是实现思想政治教育理论知识内化与外化相结合的中介，是增强教学针对性与实效性的重要途径。建构具有鲜明实践性的思政课教学模式，要突出理论与实践的结合，着重强化实践育人的功能，从而增强教学吸引力、感染力，激发学生主动性、积极性。这是思想政治理论课教学实践性的必然环节和应有之义。针对推动

① 毛泽东选集（第1卷）[M]. 北京：人民出版社，1991：284.
② 张耀灿，陈万柏. 思想政治教育学原理 [M]. 北京：高等教育出版社，2002：92.

思想政治理论课改革创新，习近平总书记强调："要坚持理论性和实践性相统一，用科学理论培养人，重视思政课的实践性，把思政小课堂同社会大课堂结合起来。"① 这实际上就是要求针对大学生当前的思想实际，高等教育教学发展的实际，当前的国际、国内经济社会实际，在教学过程中，强调操作性和实践性，以实践为抓手，融通"小课堂"和"大课堂"两个育人场域。

　　高校思想政治理论课混合式教学的实践性还体现在其现实性上。思想政治理论课在我国已开展了七十余年，但其教学模式在一个较长的时期内固着于旧，教学创新工作的推进成效一直不显著，究其原因还在于社会生产水平不高或对教育教学的作用力不强。"历史过程中的决定性因素归根到底是现实生活的生产和再生产。"② 一切以往的社会意识，都是当时社会经济状况的产物。社会意识反映着经济基础，又随着经济基础的发展变化而发展变化。混合式教学的出现及其在思想政治理论课中越来越普遍的运用，根源就在于社会生产水平的大幅提高并以实践的形式直接作用于社会意识。高校思想政治理论课混合式教学牢牢抓住了社会现实，以社会现实为生长的土壤、约束的条件，是直接的而非间接的，是现实的而非抽象的，是落脚于实践的而非囿于理论框架的。总之，受现实性约束的高校思想政治理论课混合式教学彰显着生动实践性。

三、创新性

　　高校思想政治理论课混合式教学具有创新性，体现在课程内容

---

① 习近平. 用新时代中国特色社会主义思想铸魂育人贯彻党的教育方针落实立德树人根本任务 ［N］. 人民日报，2019－03－19.

② 马克思恩格斯选集（第 4 卷）［M］. 北京：人民出版社，1995：695.

反映时代性和前沿性、教学形式体现先进性和互动性、学习结果具有探究性和个性化。这三个方面分别从教学内容、教学手段和教学评价上定义了高校思想政治理论课混合式教学有别于前的"创新"。具体来说：

高校思想政治理论课混合式教学在教学内容上具有创新性。我国高校思想政治理论课课程设置和教学内容以"05方案"为基础，当前本科生开设马克思主义基本原理概论、毛泽东思想和中国特色社会主义理论体系概论、中国近现代史纲要、思想道德修养与法律基础四门课程，专科生开设毛泽东思想和中国特色社会主义理论体系概论、思想道德修养与法律基础两门课程。这样的课程内容设置"充分体现了马克思主义中国化的最新成果，充分体现了中国特色社会主义实践的最新经验，充分体现了马克思主义研究的最新进展"①，贴近生活、贴近实际、贴近大学生。但也应该看到自我国进入新时代以来，理论创新和实践创新的脚步明显加快，"进教材""进课堂"成为迫切问题，对于条件欠缺的高校来说尤为如此。思想政治理论课混合式教学"玩转"多个教学空间，实现海量优质网络教学资源共享，帮助每一个学生接触最新理论成果、最新课程、最新内容，很大程度上延展了教学内容，体现出鲜明的创新性。

高校思想政治理论课混合式教学在教学手段上具有创新性。思想政治理论课传统教学手段大体上是靠"一本书，一支粉笔"，在课堂上"我说你听"。教学形式是单一的教师主导型讲授，学生在课堂或者整个教学过程中处于从属地位。这种教学手段便于理论的系统

---

① 陈占安：《高校思想政治理论课"05方案"实施十年来的回顾与展望》，《思想理论教育》，2015年第9期。

性灌输，并非一无是处，但在当代新型教学、师生关系构建的大背景下，显然不能或者不足以适应发展要求。混合式教学因时而生因势而起，"突出强调以问题为导向、以学生为中心的教学理念，从根本上改变了教学结构、教学流程和教学组织形式"①，它将线上教学与线下教学有效衔接，将信息技术与课堂教学深度融合，旨在优化教育教学效果、培育创新人才的教学组织形式，为传统教学的结构性调整注入新鲜活力。在混合式教学形式下，高校思想政治理论课教学手段丰富，在不少方面新之又新。

高校思想政治理论课混合式教学在教学评价上具有创新性。以往的思想政治理论课考核大多以灌输式教育方法为基础，主要采用试卷考试的方式进行，考试内容多以书本知识为主，更多强调对学生知识掌握情况的考察。简而言之，就是"我出卷，你答题""你考试，我打分"。把思想政治理论课变成单纯的知识学习，不仅无法真实检验学生的道德认知和价值认同水平，而且容易误导采取死记硬背的方式进行学习，这从根本上与思想政治教育初衷主旨相扞格。混合式教学以线上线下组合互补的方式实现了教学资源的扩充与重组，提升了高校思政课的互动性、针对性、趣味性、实效性，保障了学习结果的探究性和个性化，弥补了单一考核评价方式的缺陷，使综合评价成为可能，使学习前评价、学习过程评价和学习结果评价落地有效。这是高校思想政治理论课混合式教学的重要创新。

四、挑战度

2018 年 6 月 21 日，陈宝生在新时代全国高等学校本科教育工作

---

① 张润枝，梁瑶：《关于推进思想政治理论课混合式教学的若干思考》，《思想理论教育》，2021 年第 1 期。

会议上提出大学生有效"增负"问题，强调要合理增加课程难度，拓展课程深度，扩大课程的可选择性，真正把"水课"转变成有深度、有难度、有挑战度的"金课"。8月份，教育部专门印发了《关于狠抓新时代全国高等学校本科教育工作会议精神落实的通知》，进一步要求淘汰"水课"、打造"金课"，合理提升学业挑战度、增加课程难度、拓展课程深度，切实提高课程教学质量。并提出具体要求，即建设五大类型"金课"，包括线下"金课"、线上"金课"、线上线下混合式"金课"、虚拟仿真"金课"和社会实践"金课"①。打造五大"金课"为高校思想政治理论课提出更高要求，也为高校思想政治理论课混合式教学"施展拳脚"创造了大好机遇。

线上线下混合式"金课"要求与思想政治理论课混合式教学的精神本质极为契合，它的挑战度特性也正是高校思想政治理论课混合式教学的特征。混合式教学引入思想政治理论课，绝不是为了仅仅迎合学生"口味"，而是为了提高课程"品位"；绝不是单纯丰富教学手段，而是从根本上扩容优质。如果把混合式教学理解成让学生看看教学视频、教师使用多媒体演示，那就没有完全把握其特征。思想政治理论课混合式教学是有高阶性的形式改革，有挑战度的整体创新。所谓挑战度，指的是"课程一定要有一定难度，需要学生和老师一起，跳一跳才能够得着，老师要认真花时间花精力花情感备课讲课，学生课上课下要有较多的学习时间和思考做保障"②。混合式教学对思政课教师和学生而言都是具有挑战度的，教师靠"一本教案走天下"已经行不通，学生"上课睡睡觉，临考抱佛脚"的

---

① 吴岩：《建设中国"金课"》，《中国大学教学》，2018年第12期。
② 吴岩：《建设中国"金课"》，《中国大学教学》，2018年第12期。

"好日子"也过去了。挑战度的"挑战"就体现在教育者和受教育者都需要"踮踮脚""跳一跳"，都需要整体改变，整体跃上一个新台阶。

此外，现代信息技术的发展对高校思想政治理论课教学改革创新提出了新的要求，而探索教学创新一直以来都是高校思想政治理论课教学改革的重要课题之一，如何将全新的混合式教学模式应用到思想政治理论课教学中，如何实现多个教学空间的优势互补，如何将学生的兴趣与教学内容紧密结合，如何将"老师教"向"学生学"、教师督促向学生自觉、教师提问向学生质疑转化已经成为思想政治理论课教学实践中必须面对和解决的问题。思想政治理论课混合式教学的挑战度正体现在思想政治理论课与混合式教学模式的糅合上，它涉及嫁接、重组、培土、孵育、生长一系列问题，糅合得好则"你中有我，我中有你，你就是我，我就是你"，糅合得不好则会陷入"走马观花""雨过地皮湿"的窘境。因此，应对挑战，我们每一个高校思想政治教育工作者都要以深厚的情怀、创新的思维、宽广的视野担好使命，把思想政治理论课混合式教学开展好、推进好。

第三节　高校思想政治理论课混合式教学意义

混合式教学在近些年发展迅速，其有效性已经得到实践证明，彰显了巨大的吸引力和活力，具有良好的发展前景，是助力高校思想政治理论课实效性提升的优质模式。混合式教学突破了长期以来在思想政治理论课中居于主导地位的固有模式，且正不断改变着教育场域中各个主体的观念。它通过一定的教学设计，灵活地将线上和线下教育结合起来，有效弥补了单一线上学习和课堂教学的短板，实现了学生主体性和自主性、教师指导性和监控性间的平衡。就目前的发展情况看，高校思想政治理论课混合式教学的意义是清晰且重大的。

一、畅通师与生、教与学间有效互动的渠道

教师和学生是教育生态中的两个最主要的要素，构建一个什么样的师生关系直接决定了教育生态的健康与否。因此，解决好师与生、教与学的结构性问题是教学活动开展的前提和保障。教学活动从来不是单一主体的活动，教师之间、学生之间及教师与学生之间的沟通是教学的必要环节和关键步骤。在思想政治理论课混合式教学过程中，线上课堂所设计的在线提问与讨论界面打破了传统课堂的时空局限，拓宽了讨论平台、拓展了交流渠道。线上课堂中线上签到、点名、测试、推送课件素材、布置作业、答疑讨论社区等功能，拉近师生距离，使师生、生生之间充分展开互动交流，大大弥补课堂交流的不足。线下课堂教学同样具有不可替代性，教师可通过富有感染力的语言、眼神、肢体，声情并茂地引导学生、启发学生、释疑解惑。由此克服线上自主学习的缺陷，如"削弱了那些讲求情感传递与共鸣的课程的教学效果，难以形成共同学习所产生的辐射效应，因缺乏足够力度的网络监管而使不当言论及不良信息蒙混其中，无法形成纯净的交流环境等"[①]。另外，线下课堂师生共同探讨的氛围以及产生结论的方式，有利于亲其师信其道、加深学生

---

① 谢惠媛：《混合教学：推进高校思想政治理论课创新的有效方式》，《国家教育行政学院学报》，2017 年第 11 期。

对课程内容的认知和认同。总之，融贯多种要素的混合式教学能够为师生交流互动营造环境、拓展空间、丰富形式、提升品质。

二、激发和保持学生自主学习、积极参与的热情

高校思想政治理论课混合式教学区别于以往的教学模式的一个最显著的标志就是作为受教育者的学生在教学关系中地位的"翻转"。在混合式教学中，学生成为主体，成为独立个体，成为积极参与者。混合式教学注重学生自主学习和主动参与。线上课堂以精品课、微视频、资源数据库、PPT 语音课件、创作型课件、教学轻课件、即做即阅小测试等方式，为学生的预习、基础知识的掌握、难点的提出、独立的思考创造了可能。线下课堂通过组织讨论、课堂展示和汇报、演讲和辩论、社会实践等，充分调动学生参与教学的积极性，激发他们求知的欲望与学习的潜能，启发其更深入地思考问题。这些教学平台和环节的设计不仅可培养学生自觉自主学习的习惯和能力，而且能帮助他们牢固地把价值观念内化于心并自觉践行。以《毛泽东思想和中国特色社会主义理论体系概论》中"邓小平的改革开放理论"部分内容为例。首先，在混合式教学中，学生可通过线上课堂，初步了解中国实行改革开放的背景、条件和手段；其次，通过搜集资料、参与讨论或辩论，加深对"为什么改革开放""什么是改革开放""怎样推进改革开放"等重要问题的认识和理解；再次，组织学生参观改革开放纪念馆、博物馆，切实领会改革开放辉煌成就和伟大的改革开放精神；最后，通过线下课堂成果演示的形式，使学生在浓郁的课堂氛围中感受改革开放的不易、辉煌和伟大。从而坚定学生把改革开放进行到底的决心和信心，牢固树立起"四个自信"。

三、使教学过程设计、结果管理更加科学

依托网络教学平台和学习资源，混合式教学模式给高校思想政治理论课教学带来前所未有的考验和机遇。混合式教学打通线下线上课堂，使思想政治理论课课堂摆脱空间限制，更有利于满足个性化教学需求，使教师进行教学活动有了更为丰富的实施工具和方案，也能够实现优质教学资源开放和共享，有效进行教学质量监督、管理和评价。这在现代化信息技术大发展以及运用到教育领域之前是不可想象的。高校思想政治理论课混合式教学一个重要意义是使得学在教前、带着问题进课堂、教学全过程设计、综合性教学考核评价变成现实。混合式教学"注重利用现代信息技术完善课程教学，借助互联网等相对打破学习的时空限制，拓宽学习渠道；借助微课重播等功能，帮助学生掌握教学重点和难点；借助在线测评，帮助学生自助检验学习效果；借助在线授课，缓解以往内容较多而课时不足的矛盾，减轻教师重复授课的负担"。① 通过 AI 智能大数据，智能在线实时跟踪教学过程，监督学生学习进展，掌握阶段性学习效果，形成有效的教学评估，为教学提供数据基础。总之，混合式教学"不仅仅在浅层带来教学手段的优化，而且还在深层影响教育思路和教学理念。而后者要求正视学生在教学中的主体地位，正确处理线上和线下的衔接关系，解决线上教学碎片化与课程系统化的矛盾"，从而使高校思想政治理论课教学在过程设计上、结果管理上更加科学。

---

① 谢惠媛：《混合教学：推进高校思想政治理论课创新的有效方式》，《国家教育行政学院学报》，2017 年第 11 期。

第二章　高校思想政治理论课混合式
教学的理论基石

混合式教学与以往的教学模式相比，具有充沛的创新性，体现在教学理念的创新、教学内容的创新、教学形式的创新、教学评价的创新等方面。这种创新性为高校思想政治理论课教学改革带来新的生长点。近年来，高校思想政治理论课不断吸收融通混合式教学模式，取得了一系列重要的阶段性成果。高校思想政治理论课混合式教学的产生、推进和生效绝不是靠凭空形象，而是萌蘖于深厚的理论土壤中。

第一节　习近平总书记关于思想政治工作的重要论述

党的十八大以来，习近平总书记高度重视当代大学生的成长成才，对大力推进思想政治工作发表了许多重要的讲话，把高校思想政治工作摆在了立德树人，为社会主义事业培养合格的建设者和接班人的重要战略位置。在习近平总书记看来，思想政治工作是学校各项工作的生命线，能否抓好高校思想政治工作，直接关系到学校各项工作能否顺利进行。此外，习近平总书记还指示，做好高校思想政治工作，要遵循规律，不断创新，不断提高能力和水平。这一系列论述为高校思想政治理论课混合式教学提供了科学的理论逻辑、坚实的理论支撑、明确的理论航向。

一、思想政治工作是学校各项工作的生命线

2018 年 9 月 10 日，全国教育大会在北京召开。习近平总书记在大会上发表重要讲话，他强调："思想政治工作是学校各项工作的生命线，各级党委、各级教育主管部门、学校党组织都必须紧紧抓在手上。要精心培养和组织一支会做思想政治工作的政工队伍，把思想政治工作做在日常、做到个人。"① "生命线"的提法实际上是突出了思想政治工作的战略性、全局性和统领性地位。思想政治理论课作为思想政治工作的主渠道，是落实立德树人根本任务的关键课程，作用不可替代，价值不可忽视。

我们党历来重视思想政治工作，在革命、建设、改革各个历史时期对思政课建设都作出过重要部署。党的十八大以来，党中央先后召开全国高校思想政治工作会议、全国教育大会和学校思政课教师座谈会，习近平总书记在大会上及其他多个重要场合反复强调要办好思政课，大力推进思想政治工作。办好思政课，具有重大价值和重要意义。习近平总书记在学校思政课教师座谈会上指出："随着我国日益扩大开放、日益走近世界舞台中央，我国同世界的联系更

---

① 习近平：《坚持中国特色社会主义教育发展道路 培养德智体美劳全面发展的社会主义建设者和接班人》，《人民日报》，2018 年 9 月 11 日第 1 版。

趋紧密、相互影响更趋深刻，意识形态领域面临的形势和斗争也更加复杂。学校是意识形态工作的前沿阵地，可不是一个象牙之塔，也不是一个桃花源。"① 学校各项工作都要树立起紧迫意识和进步意识，顺应时代大势，不断提高本领，把学校建设成为意识形态工作的高地和堡垒。而建设这个高地和堡垒的"先锋官"就是思想政治理论课。要以高昂的姿态、十足的信心、饱满的热情办好思政课，做好思想政治工作，这是时代的要求。

在国内外政治、经济、文化、科技和社会生态不断变化、日趋复杂的形势下，我们党立志于中华民族千秋伟业，必须培养一代又一代拥护中国共产党领导和我国社会主义制度、立志为中国特色社会主义事业奋斗终生的有用人才。"有用人才"的培养离不开思想政治教育，为学须先立志。志既立，则学问可次第着力。立志不定，终不济事。离开了思想政治教育，志难立，志不立则学问不成。因此，习近平总书记在学校思政课教师座谈会上指出："用新时代中国特色社会主义思想铸魂育人，引导学生增强中国特色社会主义道路自信、理论自信、制度自信、文化自信，厚植爱国主义情怀，把爱国情、强国志、报国行自觉融入坚持和发展中国特色社会主义、建设社会主义现代化强国、实现中华民族伟大复兴的奋斗之中。"② 按照习总书记的指示，要下定决心、花大力气办好思政课，把思政课放在世界百年未有之大变局、党和国家事业发展全局中来看待，放在坚持和发展中国特色社会主义、建设社会主义现代化强国、实现

---

① 习近平：思政课是落实立德树人根本任务的关键课程［EB/OL］. 中国共产党新闻网，2020 – 08 – 31.

② 习近平：思政课是落实立德树人根本任务的关键课程［EB/OL］. 中国共产党新闻网，2020 – 08 – 31.

中华民族伟大复兴的高度来对待。

二、思想政治工作从根本上说是做人的工作

高校开展思想政治理论课根本目标在立德树人，即培养人、塑造人、发展人，使青年人成为具有正确世界观、人生观和价值观，具有远大理想和坚定信念，具有顽强意志和拼搏精神的"新青年"。这是思想政治教育的重大意义，也是最大的难点。思想政治教育不同于一般的知识性教育，它的定位是"树人"。十年树木百年树人，在教育工作各个环节中，最难的就是做人的工作。习近平总书记在全国高校思想政治工作会议上鲜明指出："思想政治工作从根本上说是做人的工作，必须围绕学生、关照学生、服务学生，不断提高学生思想水平、政治觉悟、道德品质、文化素养，让学生成为德才兼备、全面发展的人才。"① 这一讲话精神的核心是突出受教育者——学生的主体地位，厘清新型师生关系，为高校思想政治理论课的改革创新铺了一条新路。

思想政治工作是做人的工作，那么究竟要以什么样的内容来做工作，这项工作究竟包含什么样的内容呢？习近平总书记描画了路线图。他在全国高校思想政治工作会议上强调："要教育引导学生正确认识世界和中国发展大势，从我们党探索中国特色社会主义历史发展和伟大实践中，认识和把握人类社会发展的历史必然性，认识和把握中国特色社会主义的历史必然性，不断树立为共产主义远大理想和中国特色社会主义共同理想而奋斗的信念和信心；正确认识

---

① 习近平：《把思想政治工作贯穿教育教学全过程 开创我国高等教育事业发展新局面》，《人民日报》，2016 年 12 月 9 日第 1 版。

中国特色和国际比较，全面客观认识当代中国、看待外部世界；正确认识时代责任和历史使命，用中国梦激扬青春梦，为学生点亮理想的灯、照亮前行的路，激励学生自觉把个人的理想追求融入国家和民族的事业中，勇做走在时代前列的奋进者、开拓者；正确认识远大抱负和脚踏实地，珍惜韶华、脚踏实地，把远大抱负落实到实际行动中，让勤奋学习成为青春飞扬的动力，让增长本领成为青春搏击的能量。"①

值得注意的是，习近平总书记抓住了教育改革的"牛鼻子"，把工作重点落到健全立德树人机制上，重视教学全过程制度建设，为高校思想政治理论课过程整体设计，尤其是考核评价机制创新找到了"鼓点"。习近平总书记强调："要深化教育体制改革，健全立德树人落实机制，扭转不科学的教育评价导向，坚决克服唯分数、唯升学、唯文凭、唯论文、唯帽子的顽瘴痼疾，从根本上解决教育评价指挥棒问题。要深化办学体制和教育管理改革，充分激发教育事业发展生机活力。"② "解决教育评价指挥棒问题"的提出不可谓不切中思政课问题的要害，长期以来，高校思想政治理论课考核评价都是书面考试形式，这实际上有悖于教育教学规律，是必须改革的积弊。习近平总书记以敏锐的观察力发现了问题所在，照亮了教学改革前行的路。重教学结果管理创新的高校思想政治理论课混合式教学正是循着习近平总书记指明的道路阔步向前。

---

① 习近平：《把思想政治工作贯穿教育教学全过程 开创我国高等教育事业发展新局面》，《人民日报》，2016 年 12 月 9 日第 1 版。
② 习近平：《坚持中国特色社会主义教育发展道路 培养德智体美劳全面发展的社会主义建设者和接班人》，《人民日报》，2018 年 9 月 11 日第 1 版。

三、办好思想政治理论课关键在教师

教师是人类灵魂的工程师，是文化的创造者和传播者，是教学工作的主导，承载着传播知识、传播思想、传播真理，塑造灵魂、塑造生命、塑造新人的时代重任。无论教学改革如何突出学生的主体地位，如何强调学生的自主性学习，教师的价值都不能也不会因此有一点"褪色"。习近平总书记在要求"围绕学生、关照学生、服务学生"的同时，高度肯定教师的作用，指出："办好思想政治理论课关键在教师，关键在发挥教师的积极性、主动性、创造性。"①习近平总书记的讲话张扬了教师价值，给思政课教师吃了一颗"定心丸"，立了一个"方向标"。思政课教师在新时代思政课教学改革创新过程中非但不应"退"，反而更应"进"，更应发挥积极性、主动性和创造性。

思政课教师面对着怎样的形势呢？习近平总书记层层分析，给出了答案。他指出，"讲好思政课不容易，因为这个课要求高。思政课教学涉及马克思主义哲学、政治经济学、科学社会主义，涉及经济、政治、文化、社会、生态文明和党的建设，涉及改革发展稳定、内政外交国防、治党治国治军，涉及党史、国史、改革开放史、社会主义发展史，涉及世界史、国际共运史，涉及世情、国情、党情、民情，等等。这样的特殊性对教师综合素质要求很高。国内外形势、党和国家工作任务发展变化较快，思政课教学内容要跟上时代，只有不断备课、常讲常新才能取得较好教学效果。思政课上学生会提

---

① 习近平：思政课是落实立德树人根本任务的关键课程 ［EB/OL］. 中国共产党新闻网，2020 – 08 – 31.

一些尖锐敏感的问题，往往涉及深层次理论和实践问题，把这些问题讲清楚讲透彻并不容易。"① 对思政课教师来说是一个不小的考验，应对考验，每一个思政课教师都必须不断提高本领。

　　新时代高校思想政治理论课需要什么样的教师呢，或者说思政课教师应该具备什么样的素质才能适应教学需要呢? 习近平总书记指出，"思政课教师要给学生心灵埋下真善美的种子，引导学生扣好人生第一粒扣子。须做到：第一，政治要强，让有信仰的人讲信仰，善于从政治上看问题，在大是大非面前保持政治清醒。第二，情怀要深，保持家国情怀，心里装着国家和民族，在党和人民的伟大实践中关注时代、关注社会，汲取养分、丰富思想。第三，思维要新，学会辩证唯物主义和历史唯物主义，创新课堂教学，给学生深刻的学习体验，引导学生树立正确的理想信念、学会正确的思维方法。第四，视野要广，有知识视野、国际视野、历史视野，通过生动、深入、具体的纵横比较，把一些道理讲明白、讲清楚。第五，自律要严，做到课上课下一致、网上网下一致，自觉弘扬主旋律，积极传递正能量。第六，人格要正，有人格，才有吸引力。亲其师，才能信其道。要有堂堂正正的人格，用高尚的人格感染学生、赢得学生，用真理的力量感召学生，以深厚的理论功底赢得学生，自觉做为学为人的表率，做让学生喜爱的人。"② 这些要求为思政课教师提供了在新时代大背景下努力的方向，避免了在教学改革中出现不敢进、不知道怎样进的问题。

---

① 习近平：思政课是落实立德树人根本任务的关键课程［EB/OL］. 中国共产党新闻网，2020 – 08 – 31.

② 习近平：《用新时代中国特色社会主义思想铸魂育人 贯彻党的教育方针落实立德树人根本任务》，《人民日报》，2019 年 3 月 19 日第 1 版。

四、运用新媒体新技术使思想政治工作活起来

如果一定要找一个我们这个时代区别于其他任何时代的显著标志的话，那一定是现代化信息技术的大发展。现代化信息技术正以前所未有的速度发展，势不可挡地成为现代化的一个新的信息枢纽，并作用于社会各个层面，产生着深刻影响，教育领域也不例外。近几年，信息技术在教育教学中广泛应用，广大学生与互联网的联系日益紧密，生活方式、学习方式和思维方式被打上了深深的"科技烙印"，由此而引发的教学模式的变迁正在悄然发生。在此影响下，高校思想政治教育开始"换妆"，更多通过网络贴近学生实际，关注学生需求，创新话语体系给学生带来更有文化、有内涵、有品位的教育产品，通过多种新媒体新技术渠道提升思想政治教育效果。

习近平总书记一直以来格外关注信息技术的发展动向，多次提出用好互联网，建设良好网络生态，让互联网更多造福于国家和人民，"让互联网成为了解群众、贴近群众、为群众排忧解难的新途径，成为发扬人民民主、接受人民监督的新渠道"[1]。同时还指示抓好新媒体工作，要求"高度重视网络斗争，把党管媒体的原则贯彻到新媒体领域"[2]，"要抓紧做好顶层设计，打造新型传播平台，建成新型主流媒体，扩大主流价值影响力版图，让党的声音传得更开、传得更广、传得更深入"[3]。新媒体是意识形态斗争的新平台，高校

---

[1] 《习近平主持召开网络安全和信息化工作座谈会强调在践行新发展理念上先行一步让互联网更好造福国家和人民》，《人民日报》，2016 年 4 月 20 日第 1 版。

[2] 习近平：《坚定文化自信，建设社会主义文化强国》，《人民日报》，2017 年 10 月 16 日第 7 版。

[3] 《习近平在中共中央政治局第十二次集体学习时强调推动媒体融合向纵深发展巩固全党全国人民共同思想基础》，《人民日报》，2019 年 1 月 26 日第 1 版。

思想政治教育是意识形态教育的主阵地，做好意识形态工作，必须打通高校思想政治教育用好新媒体新技术的"任督二脉"。对此，习近平总书记专门强调："要运用新媒体新技术使工作活起来，推动思想政治工作传统优势同信息技术高度融合，增强时代感和吸引力。"① 这对新时代高校思想政治理论课教学的改革创新无疑是一个鲜明指引和"养生良方"。

新媒体新技术以方便快捷、信息海量和时效极强而著称，但萝卜快了不洗泥，方便快捷难免有隐患，信息海量必然会混杂，时效极强非常可能误导，这对青年大学生的消极影响不容忽视。随着网络暴力、网络违法行为的不断出现，对大学生进行网络思想政治教育刻不容缓，新媒体成为高校思想政治教育的另一个阵地。新媒体的健康发展离不开网络思想政治教育的引领，建立良好的高校思想政治教育网络平台必不可少。通过网络平台，营造良好氛围，引导主流舆论，是网络高校思想政治教育首先应该迈出的一步。新时代，高校思想政治教育工作要掌握网络舆论主动权，充分发挥新媒体的重要作用，通过多种新型媒介，发挥出互联网的强大影响力，通过网络平台引导主流舆论，使网络思想政治教育发挥出巨大作用。此外，也要注意，新媒体的发展并不意味着传统媒体的"退休"，而是合二为一，推动传统媒体和新兴媒体融合发展，"遵循新闻传播规律和新兴媒体发展规律，强化互联网思维，坚持传统媒体和新兴媒体优势互补、一体发展，坚持先进技术为支撑、内容建设为根本，推动传统媒体和新兴媒体在内容、渠道、平台、经营、管理等方面的

---

① 习近平：《把思想政治工作贯穿教育教学全过程 开创我国高等教育事业发展新局面》，《人民日报》，2016 年 12 月 9 日第 1 版。

深度融合"①。这一深度融合已经且必将持续对高校思想政治理论课教学的改革创新产生积极影响。

综之，习近平总书记对高校思想政治工作有诸多论述和部署，体大思精，内容极为广泛，内涵极为深刻，大体上可凝练成思想政治工作是学校各项工作的生命线、思想政治工作从根本上说是做人的工作、办好思想政治理论课关键在教师、运用新媒体新技术使思想政治工作活起来等四个方面。这四个方面内容包含了思想政治工作的原则、方向、主体和道路。高校思想政治理论课混合式教学正是从习近平总书记的这些精辟论述中汲取滋养，奠定了牢不可破的理论基础。比如思想政治理论课混合式教学凸显学生主体性和能动性，很大程度上受了习近平总书记强调的思想政治工作必须"围绕学生、关照学生、服务学生"精神的影响；思想政治理论课混合式教学重视线上教学和线下教学的融合，对教师提出了更高要求，对教师的本领是一个更大的考验和磨炼，这也契合了习近平总书记对思想政治理论课教师提出的"八个统一""六个要求"；思想政治理论课混合式教学对新媒体新技术有着严格要求，这也正是习近平总书记"运用新媒体新技术使思想政治工作活起来"号召下的产物。总的来说，高校思想政治理论课混合式教学以习近平总书记的重要论述和重要关切为理论基石，并在此指引下行稳致远。

---

① 习近平：《共同为改革想招一起为改革发力 群策群力把各项改革工作抓到位》，《人民日报》，2014 年 8 月 19 日第 1 版。

第二节　马克思主义人学理论

　　人学理论是马克思主义关于人的哲学理论，准确地说，马克思主义人学理论就是关于现实的人及其历史发展的科学，包含人的自由、人的需要、人的价值以及人的本质等诸多内容。当前，马克思主义人学理论逐步融入高校思想政治教育，并在新形势下不断发挥影响力。"现代思想政治教育和传统思想政治的一个重大区别就是高度重视人，这是现代思想政治教育的本质决定的，也是马克思主义人学理论发展影响的结果。"① 思想政治工作根本上就是做人的工作，核心问题是培养什么样的人、如何培养人的问题，马克思主义人学理论为思想政治教育提供了科学的世界观和方法论，成为高校思想政治理论课混合式教学的思想基础。

一、人的本质理论

　　高校思想政治理论课混合式教学是一个真正彰显学生"人"的属性的教学模式，在理论设计上充分表达出人的主观能动性，体现了人与人、人与社会的错综关系，切实为思想政治教育重视人、发展人、塑造人的"现代性"张目。这里面实际上涉及人的本质问题。马克思主义关于人的本质问题的论述是关于人学理论的最基础最核心的问题。人的本质问题是一切问题的逻辑起点，只有先解决了人

---

① 王学俭编：《现代思想政治教育前沿问题研究》，北京：人民出版社2008年版，第123页。

的本质问题，人的需要、价值和发展趋势等具体问题的探讨才具备了逻辑上的合理性、理论上的科学性。马克思主义认为人的本质问题实质上就是指人之所以成为人的原因，人如何产生和发展，人的本质是人区别于动物的最根本的东西，那么究竟什么是人的本质？

对于人的本质问题，马克思在《1844年经济学哲学手稿中》以对比的方式进行了哲学意义上的定论，明确指出："一个种的全部特性，种的类特性就在于生命活动的性质，而人类特性恰恰就是自由意识的活动。"① 在马克思看来，人具有自由意识，人的活动是自由的自觉的，这是人的生命活动与动物的生命活动的本质区别。马克思主义人学理论所讨论的"人"是具有社会性和历史性的，"不是人的胡子、血液、抽象的肉体的本性，而是人的社会特质。"② 在《关于费尔巴哈的提纲》中，马克思给出的结论更为直接且更易理解，他强调："人的本质不是单个人其所固有的抽象物，在其现实性上，它是一切社会关系的总和。"③ 这是马克思对人的本质给出的一个比较完整的表述，是认识的新高度。马克思提到了一个现实性的问题，一个社会关系总和的问题，"抽象的人"在马克思主义人学理论中是受到驳斥的。人是社会中的人，离开了社会属性去谈论人的本质都是不切实际的谬论。

此外，马克思主义人学理论为我们提供了理解人的本质的另一个角度，即实践。实践是产生人的本质的源头，离开了实践，人的本质将无从谈起。马克思指出："我们不是从人们所说的、所设想的、所想象的东西出发，也不是从口头上说的、思考出来的、设想

---

① 《马克思恩格斯全集》第42卷，北京：人民出版社1979年版，第96页。
② 《马克思恩格斯选集》第1卷，北京：人民出版社1995年版，第56页。
③ 《马克思恩格斯选集》第1卷，北京：人民出版社1995年版，第56页。

出来的，想象出来的人出发，去理解有血有肉的人，我们的出发点是从事实际活动的人。"① 这里"从事实际活动的人"指的就是实践中的人。实践是人所独有的活动。作为实践主体的人并非是纯粹生物学意义上的人，而是社会的人。实践不仅创造了人，形成了人类特有的本质，而且只有在实践基础上，人类的本质力量才能得到充分的体现和确证。实践集中表现了人的本质的社会性。人不仅在实践活动中把自己从自然界中提升出来，使自然界成为自己的对象，也即是认识和改造的对象，而且在改造自然的过程中，人发展着多方面的社会需要，也就有了丰富多彩的社会活动。马克思主义人的本质理论道出了关于"人"的真谛，划清了"人"的界域，为高校思想政治理论课混合式教学中突出人、强调人、在实践中教育人的思路提供了理论支撑。

二、人的主体性理论

人的主体性是马克思主义人学理论的一个显著特征，是马克思主义与旧的唯物主义的本质区别，也是对思想政治教育产生整体性影响的理论。从广义上来说，主体性是指人自身特有的属性，是人置身于实践活动、实现个人需要、获得发展的认识前提。在马克思主义人学理论中，主体性是人作为实践主体的主体性，它以实践为基础。简而言之，人的主体性主要指处于社会关系中的人呈现出的主观能动性、态度及动机，它是关于人作为活动主体在对客体的作用过程中所表现出来的能动性、自主性和自为性。也就是说，能动性、自主性和自为性是人的主体性的三个外在表征，是认识人的主

---

① 《马克思恩格斯选集》第 1 卷，北京：人民出版社 1995 年版，第 73 页。

体性的三个主要维度。

能动性表现在人是作为活动的主体的一种性质,劳动使人和动物的本质区别开来,人的劳动是一种自觉地有意识的劳动,人在劳动过程中表现出来的这种自觉有意识就是一种能动性,人的这种意识是一种自觉的、自我的、主体的意识,这是动物所不具有的,正是这种意识使人具有一定的主体性。能动性有三个方面意蕴:第一是主体对于主客体关系的自觉性;第二是主体的选择性;第三是主体的创造性。马克思认为在从事生产实践活动中,主体具有一定的选择性,这种选择是根据一定的尺度,这个尺度可以具体地分为两种,一种是"物种的尺度"、一种是"内在的尺度",这两种尺度共同构成人的选择性的依据,客体运动发展规律和主体需要人在实践活动中进行选择的遵循。马克思认为人在实践活动中还可以发挥一定的主观能动性进行创造,虽然主体受到一定的客观规律等客体的制约,但是主体依然可以在遵循客观规律的前提下进行创造,这是一种较高的境界。创造性是人的主体性的最高表现,创造条件,从而来创造世界。

主体的自主性也是人的主体性中的一个重要内容。在马克思看来,真正的主体必然是具有自主性的主体,这种主体既有能力又有权利"作为支配一切自然力的那种活动出现在生产过程中"。① 这里的"那种活动"实际上指的就是人的自主性劳动。主体的自主和自由其实是一个硬币的两个面,"自由的人"也就是自主的人,自由度的大小和自主性的大小是一致的。主体的自为性是主体自主性的逻辑延伸。也即是说,自主是自为的前提,自为是自主的目的。主体

---

① 《马克思恩格斯全集》第 46 卷(下),北京:人民出版社 1980 年版,第 113 页。

总是把自己的存在和发展当作一个自明的前提，"从主体方面去理解"事物，"从自己出发"去从事活动。根据马克思主义理论，在资本主义社会里，劳动者和生产资料分离使劳动者不具备对生产资料的占有权，同时也不具备对劳动的积极性，也即是产生所谓的异化劳动，由此这种自主性的劳动观念开始出现。人的关系存在是为"我"而存在的，马克思认为动物没有这种关系，这种关系是人所特有的。马克思所认为人的主体所具有的特性，就是"自为性"，就是表现的这种为我而存在，从自己的本身去出发，去看待一切事物，去看待是否有从事生产活动的必要，这也是人类区别于动物的一种存在方式，人类从事生产活动有一个自己的内在尺度，从主体的需要得到满足来出发。这一理论对高校思想政治理论课混合式教学为了学生、依靠学生的要求有着重要启发价值。

此外，马克思对主客体间的关系关注较多，他认为主客体关系是以主体之间的交往为中介的，主体和客体之间的交往这一过程，也就是人的"主体间性"。马克思认为，在主客体关系中，主体间的交往扮演者重要角色，主体性不仅表现在"他们对自然界的一切关系"中，而且表现在"劳动主体相互间的一定关系"[1] 中。因此可以看出，主客体之间的交往能推动人类历史的发展，推动人类和社会关系的演变，这是人的主体性的彰显。也就是说，在马克思看来，人的主体性不仅是指主体在主客体相互作用中表现出来的特性，还包括不同的主体在一定的社会历史条件下为变革某一客体而进行的相互交往的特性。主客体相互作用从而体现人的主体性理论，为高校思想政治理论课混合式教学中师生、生生关系的构建，教育者与

---

① 《马克思恩格斯全集》第 46 卷（上），北京：人民出版社 1979 年版，第 496 页。

教育媒介、受教育者与教育媒介关系的厘清提供了理论依循。

三、人的全面发展理论

马克思主义人学理论是有关"人"思想政治工作的重要指导。在思想政治教育全过程中，做好"人"的工作，离不开对马克思主义人学理论的把握，尤其离不开对人的全面发展理论的正确而全面的理解。人既是思想政治教育的主体，又是思想政治教育的客体，人的全面发展问题是社会发展的根本问题，是教育的根本目的和价值取向，以德、智、体、美、劳等诸多因素构建的思想政治教育旨在培养全面发展的人，这一主旨与马克思主义人的全面发展理论无缝契合。根据马克思主义，人的全面发展内涵丰富，包括人的能力的全面发展、人的需要的全面发展、人的社会关系的全面发展、人的个性的全面发展等几个部分。

马克思认为，个人能力指"个人的、他所固有的力量，即他的智力和从事一定劳动的特殊素质或能力"。个人能力的使用和发挥不仅是个人需要的满足，它还是个性的对象化过程，是"自由的生命表现"，是"生活的乐趣"①。个人能力还满足他人的需要，是人的"社会的本质"的直接证实和实现，是人的社会关系的形成过程。马克思指出，人的能力是人的本质力量的公开和展示，"任何人的职责、使命、任务就是全面地发展自己的一切能力，其中也包括思维的能力"②，而且"每个人都无可争辩地有权全面发展自己的才能"③。这里所说的人的能力不单单指人的体力和智力，而是指人的

①　《马克思恩格斯全集》第 42 卷，北京：人民出版社 1979 年版，第 38 页。
②　《马克思恩格斯全集》第 3 卷，北京：人民出版社 1960 年版，第 330 页。
③　《马克思恩格斯全集》第 2 卷，北京：人民出版社 1957 年版，第 614 页。

一切能力。人的能力的发展主要是社会能力的发展，通过社会能力及其物化的手段，不断延长和强化人的自然力。所有这些，作为人的本质力量的充分体现，都是人的能力发展的重要内容。在马克思主义人的全面发展理论中，人的全面发展并非无所不能、无所不通，而是指人除了从事物质生产劳动以外，还能够从事科学、艺术和社会活动。简而言之，就是高校思想政治教育强调的、落实的人的德、智、体、美等几方面的能力的全面发展。

个人需要的全面发展是马克思关于人的全面发展理论的一个重要组成部分，"人的需要是人的自身规定即人的本性，它是人的全部活动的内在动因"①。人的需要的满足，是外部世界逐步同化于人的表征。个人能力的使用与发挥的目的倾向和最终结果都是个人需要的满足。个人需要是个人进行社会协作的物质期待，个人能力在社会协作过程中物化为劳动产配，其一部分作为生活资料进入个人手中就是个人需要的满足。个人需要的满足是"生产者所创造的物人化"②的过程，是个人能力得以维持和发展的物质前提，它还能够产生价值激励的作用，激发个人的创造性。个人需要的满足同样是人的个性和价值的确证。人的需要具有多样性，人正是在需要的多样产生和不断满足中演变出新的交往形式，发展其本质力量，进而推动整个社会的进步和人的全面发展。没有一个多样性的需求结构，人就很难发展出一个全面的能力体系，并把自己提升到一个更高的生存境界。从这个方面来说，人的需要的全面发展具有极为重要的社会意义。高校思想政治教育混合式教学要求突出学生主体地位，

---

① 王学俭编：《现代思想政治教育前沿问题研究》，北京：人民出版社2008年版，第124页。
② 《马克思恩格斯全集》第46卷（上），北京：人民出版社1979年版，第28页。

贴近学生的需求实际，满足学生的个性化需要，其理论源头正在于此。

人的个性即人的个体性，它是个体的独立人格。具有自由个性的人，也就是具有自觉、自愿和自主性的人。"自由个性的充分发展是人的全面发展的根本内涵、综合体现和最高目标。"① 人是生产实践活动中"现实的人"，人的全面发展必然要落实在每个人的自由个性的发展上。在马克思主义看来，人的个性的全面发展是有条件有限度的，高度发展的社会生产力是人的个性发展的现实基础；社会结构和人与人联系的方式是人的个性发展的前提；人作为主体的身心发育程度和活动的方式是人的个性发展的内在条件。人的个性来源于人们的实际生活过程。个人的能力的提升需要使个人处于与他人、与环境的交换过程中。在此过程中，个人与他人与环境相互影响和相互作用，社会的价值观念和意识形态影响和塑造着个性。人的个性的全面发展，必须充分遵循、利用和创造"条件"。一方面，要提高人们谋生的手段和能力，提高人们的思想素质，丰富人们的精神生活；另一方面，要看到人的个性也是个体的能动的选择、过滤、组织、加工的结果，个性有其独特性和个体性，因此要有一个充满人性的目标，避免过分受限于物化条件。

综之，马克思主义人学理论是关于人的本质确证、需要满足和价值实现的科学理论，它所系统探讨的人的本质理论、人的主体性理论和人的全面发展理论散发着智慧的魅力，是新时代高校思想政治理论课混合式教学的重要理论基石。思想政治理论课混合式教学

---

① 王学俭编：《现代思想政治教育前沿问题研究》，北京：人民出版社 2008 年版，第 126 页。

的最大优势在于听见"人"的声音、发现"人"的价值、满足"人"的需要，与马克思主义人学理论中"人"的张扬形成和谐共振。汲取马克思主义人学理论的养分，将其贯穿到高校思想政治理论课混合式教学实践的各环节和全过程，必将使其行而有理、进而有方。

第三节 西方经典学习理论

高校思想政治理论课混合式教学是新时代高校思想政治理论课顺应社会发展形势、遵循内在自我发展规律、融合新媒体技术和新学习理念进行创新产生的新模式。其中，西方经典学习理论及其实践对高校思想政治理论课混合式教学的产生和发展有着重要的借鉴价值。这些学习理论主要包括建构主义学习理论、人本主义学习理论、教育传播理论、反馈理论、行为主义学习理论、联通主义学习理论等。混合式教学吸取各主要经典学习理论的合理内核，整合出因时因势的教学模式。

一、建构主义学习理论

20 世纪 90 年代以来，随着心理学家和教育学家们对人类学习过程和学习规律的认识不断深入，建构主义学习理论开始出现并逐渐流行。建构主义学习理论是认识学习理论的一个分支，它的出现是学习理论研究领域的一场"革命"。建构主义思想起源于康德的经验主义和理性主义哲学，并在皮亚杰、维果斯基、布鲁纳等人的推动下走向成熟。建构主义学习理论的兴起和应用有其时代背景。"在计算机网络技术时代，社会对创造型人才、个性化人才有急迫的需求，由于创新被视为人类文明进步的阶梯，创新精神和创新能力已成为经济社会发展的决定性因素。"① 如何培养出具有个性和充满创新能力的现代化新型人才是教育亟待解决的问题。建构主义学习理论一改过去的单一知识传授、知识记忆、技能模仿的传统教学模式，建构起尊重学生个性、发挥学生潜能、给予学生自由、激发自主创新、促进学生主动建构知识的教学模式。可以说，建构主义学习理论适应了社会需求，是重建教学体系的重要途径。

建构主义学习理论在当今时代的教育教学中已经得到广泛运用，且发挥着重要的指导作用。很多新教学模式的出现无不把自己的理论之根全部或者部分深植于建构主义学习理论的沃土中，混合式教学模式也不例外。建构主义学习理论强调学习者知识的主动建构，认为学习者应根据自己的经验建构知识，以原有的知识经验为基础接受学习。知识不是统一的结论，而是一种意义的建构。每个人按各自的理解方式建构对客体的认识，因此它是个体化、情境化的产物。学习是指每个学习者从自身角度出发，建构起对某一事物的各自看法，在此过程中，教师只起辅助作用。学生在学习的过程中也会受到来自他者如教师的帮助，但由于知识学习源于学习者自身已有的知识经验，背景的差异性会使学习者在学习中表现出不同的学习态度和学习特点，不能对学习者作共同起点、共同背景通过共同过程达到共同目标的假设，因为外在他者的帮助是有限的。在建构主义学习理论中，学习者不只是被动接受知识或者被动接受外界传递过来的信息，而是能够从自身的特点和需要出发展开意义建构的

---

① 杨维东，贾楠：《建构主义学习理论述评》，《理论导刊》，2011 年第 5 期。

过程。

　　另外，在建构主义学习理论中，学习是在一定的情境中发生和进行的，良好的学习情境是有效学习的基本条件。任何的学习者都不能离开实际的生活而在头脑中形成抽象孤立的、虚无的事实，我们学习的是已知事物之间的关系及人类确立的信念。如此，我们的学习行为才可能清晰，学习是活动的和社会性的观点才能成为一种必然的推论。简言之，人类的学习不能离开生活而存在。建构主义学习理论还认为，学习者以自己的方式建构对于事物的理解图式，不同的人因此看到事物的不同方面，正所谓"一千个读者就有一千个哈姆雷特"，这就为互相交流和协作学习创造了可能性和必要性，学习者之间的合作使知识学习更加丰富和全面。在此基础上，建构主义学习理论提倡师徒式传授及学生间的相互交流、讨论和学习，提倡学生和教师进行对话与协商。

　　建构主义学习理论为高校思想政治理论课混合式教学奠定了理论基石，尤其是情境、协作、对话等内容更是为其提供了具体的方法指导。就情境来说，混合式教学需要为学习者提供一个被精心设计过的符合学习者学习需求的情境，这一情境既包括传统的课堂情境，也包括线上学习情境，这就需要做好教学设计工作，尽可能调动有效资源服务于机动有效的学习情境的设置。就协作来说，混合式教学模式在各类通信技术、各类在线学习系统的支持下，更大限度为学习者们提供了各种便利和丰富资源等，并且也为学习者们之间的协作学习开辟了通道。在混合式教学过程中，协作贯穿始终，不仅在学习者们之间展开，也在不同教学空间中的教师们之间展开。就对话来说，在混合式学习环境中，学习者会与教师、其他学习者、各种学习材料等进行互动交流，对话丰富了学习者的学习体验和经验，使学习过程活泼、活跃。这样，学习者可以根据自身的情况，进行教学资源的"采撷"，并有针对性地进行知识学习活动，更有利于深入理解知识、大幅提高学习效率，真正把知识变成"己有"。

二、人本主义学习理论

人本主义学习理论是继建构主义学习理论后出现的新的关于知识学习的理论，被作为教育技术哲学的一个基础。人本主义学习理论于 20 世纪 50 年代至 60 年代在美国出现，以马斯洛、罗杰斯为主要的代表人物。这一时期，科学技术迅猛发展，并作用于经济社会，打造了一个物质高度发达的世界。在这个世界里，科学主义成为人们普遍的精神追求，一切变得科学化、程序化、技术化，原本属于人的应该被关注的情感、价值渐渐被忽视。这一问题得到人本主义心理学家马斯洛、罗杰斯等人的注意，他们对当时美国教育中存在的"科学主义"不满，抨击了忽视学生主体性、个性和价值的教学模式和教学观念，并提出教育应该从学生的心理需要出发，尊重学生个性、发挥学生潜能、培养学生创造性，明确教育的宗旨是培养一个健康、充实、快乐的人。罗杰斯在其专著《学习的自由》中系统阐述了人本主义学习理论，对当时的教育界产生重大影响。时至今日，虽然时间已经走过半个多世纪，但人本主义学习理论的核心理念仍具有活泼的生命力和实践的魅力。

人本主义学习理论内容丰富，但总结起来，大致可分为三个层面。第一，以学习者为中心，学习的主体是学生，学生的全面发展是学习的中心任务。学习者的学习究竟是为了实现什么，这是学习理论中的关键性问题。人本主义学习理论认为，学习要能够促进学习者的个性发展和潜能发挥，从而达到使学习者快乐学习、自主学习、创造性学习的目的。第二，对学习者有意义的学习才是有价值的学习。人本主义者根据学习对学习者的个人意义，将学习分为意义学习和无意义学习两类，无意义学习指的是不涉及感情或者个人意义，只是单纯的知识增长和经验的积累。与无意义学习形成鲜明对照的是意义学习，它强调的是学习者作为"完整的人"的学习，学习者全身心投入到学习过程中的学习才是意义学习。第三，创设适当的环境是意义学习的重要条件。学习需要在一定的环境或者条件中进行，"教师营造一种自由、民主、和谐融洽的充满着关爱与真诚的学习氛围"① 是创设出意义学习的条件。在人本主义学习理论中，教师需要重新审视自我定位，给自己的角色需要来一个180°的大转弯。

根据人本主义学习理论的核心精神，高校思想政治理论课混合式教学可以在具体教学实施过程中做出相应调整。针对"以学习者为中心"，混合式教学应看到学生的个性化差异，尊重个体差异，关注每个学习者的个性发展，注重调动学习者的学习热情和学习的积极性，给学生们提供充分的自我学习和自我发展空间，让学生能够有机会实现自我，避免"一刀切"或者"一根竹竿打到底"，挖掘学习个体的可能性与潜力。此外，混合式教学应把着力点放在为学习者创造意义学习条件的工作中来。在混合式教学中，以现代技术为支持的各类网络视频、音频等不同格式的各类学习资源都可以"为我所用"，学习资源不再局限于书本，学习的基础条件已有大幅度提升，在此情况下，混合式教学应做好资源管理和优化配置，保

① 李瑞清.人本主义学习理论在思想政治理论课教学中的合理取舍 [J].高教探索，2009 (4)：120 – 123，136.

障学习者自主选择的合适、合理、科学、优质。同时，混合式教学应利用网络软件和社交工具创新发展与方便快捷的极大优势，为各类互动和知识的共享创造更多可能性，实现教师与学习者真正心灵上的沟通与对话，获得教学反馈，从而不断的反思，不断的改进自己的教学，以求为学习者提供适度的、可靠的、有效的指导，让学习者能够充分体现出自己的主动性和创造性。

三、教育传播理论

教育传播理论是关于教育技术的一种基础性理论，"是教育技术学的重要理论基础之一，为专业发展提供了坚实的理论支撑。"① 它主要从教育传播学的理论出发研究教育的整个过程。20 世纪 50 年代，随着电子媒体的发展及在教育教学中的逐渐运用，教育传播理论开始进入人们的研究视野。这一时期探讨的重点主要在于教育媒体的特性、功能和效能上。60 年代后，系统论和传播理论取得长足进展，使得教育传播理论的研究走向多元化、深入化，更加偏重于整体性研究，尤其重视对原则与方法、过程与模式的研究，而过程研究又是重点中的重点。70 年代以来，教育传播理论研究进入新的发展阶段。这一时期，研究者更加关注"过程设计"，主张对教育传播过程进行优化设计，并提出教育传播效果须以教育传播过程最优化为支撑，要达到这个目标，就必须对教育传播过程的每一个环节进行全面分析，精心设计。80 年代后，教育传播理论始传入我国，教育界关注的重点主要是现代媒体教学的理论与实践、怎样克服教

---

① 南国农：《教育传播学研究：一个需要关注的领域》，《华南师范大学学报》（社会科学版），2009 年第 1 期。

育科技的阻力等。随着教育科技的快速发展，教育传播理论的研究不断向纵深推进，并更好地指导现代教育教学创新实践。

　　教育传播理论所涉及的面向比较多，但理论脉络是比较清晰的，大体上包括"教育传播过程和模式的理论、教育传播信息理论、教育传播符号理论、教育传播媒体理论以及教育传播效果理论"[①]。教育传播过程是从教师教到学生学的过程，教—学的过程是一个系统，构成整个教育系统的子系统。教育传播信息是教育内容，依靠教育者、受教育者、信息载体和信息传播途径进行传递，是保证教育者与受教育者双方沟通的关键。教育传播信息理论认为，传播信息的优化原则主要有明确性，即教学目的明确，传播信息的符号意义明确；易接受性，即使学生便于接受；适量性，即传授知识量要恰当；可记忆性，即有利于长时记忆；实行多通道传递；适当的重复，尤其是难点、重点，更应加深印象。媒体是师生之间沟通的媒介，所谓传播媒介，指的是"即存储和传递信息的实体，也可以看作是实现信息从信源传递到受传者的一切技术手段"[②]。离开了传播媒体，教育信息的传递是几乎不可能的。教育传播理论认为，媒体必须合理使用，不是在一堂课上使用媒体愈多愈好，更不是去炫耀先进媒体。选用媒体要遵循服从教学需要、谋取最佳效果和讲究综合使用等三项原则。教育传播效果包括学生知识的增长、技能的掌握和品德的变化。在教育传播理论中，提升教育传播效果必须重视信息源的质量、受教育者的主体作用、媒体的畅通、系统设计传播过程。

　　教育传播理论对高校思想政治理论课混合式教学有着直接的指

---

① 李运林，曾艳：《教育传播理论是教育技术的基本理论》，《电化教育研究》，2006年第1期。

② 南国农，李运林：《教育传播学》，北京：高等教育出版社2005年版，第36页。

导意义，尤其是在新媒体新技术的使用方面。新媒体新技术重要意义在于它保障了信息以更为有效的方式在教育者和受教育者间传递，空前拓宽了受教育者的认知视野，从根本上革新了受教育者的思维模式，从而促使他们学会学习，真正实现了对学习的最优化。此外，教育传播理论中的"媒体选择定律"是混合式教学过程中媒介选择的重要指导原则。面对众多的新媒体新技术，如何从这些不同的媒介中做出正确的选择是教学过程实施的前提和质量提升的保证。根据教育传播理论，教育者和受教育者要能够对不同的学习媒介有一定了解，遵循服从教学需要、谋取最佳效果和讲究综合使用的"三原则"，并根据媒介特征及自身学习需求做出最适合自己的选择，能够将教育媒体的效能与成本结合起来，在保证教育效果的前提下尽可能降低成本。从而切实使新媒体新技术在高校思想政治理论课混合式教学中"发光发热"，发挥出其特有的比较优势，使思想政治理论课"新"出高度，"好"出层次。

四、掌握学习理论

掌握学习理论是美国著名教育学家、心理学家本杰明·布鲁姆提出来的一种基于行为主义理论的教学模式。他于 20 世纪 60 年代提出了掌握式学习理论，随后开始被教育界倡导。自 20 世纪 60 年代以来，终身教育理念不断发展并被人们接受。学生的全面发展，学生的情感、态度和价值观也受到更多关注。于是一些心理学家们强烈批评当时甚为流行的行为主义心理学过分关注实验方法，而太少关注人类情感体验，从而忽视了人之所以为人的最本质的东西。而且当时的美国正致力于教育改革，不论是创造更多的教育机会还是扩大对教育的经济资助，对改善每个学生的教育并无多大的效果，特别是"我们考虑课程时确实很少关心到它对所有学生的继续学习能有什么贡献"①，因此找到一条提升教学质量的明路成为迫切的任务。布鲁姆的掌握学习理论就是在这样的社会大背景下应运而生。

　　所谓的"掌握学习"，就是在"大多数学生都能掌握"的学习理念指导下，以集体教学为基础，辅之以经常、及时的反馈，为学生提供所需的个别化的帮助以及所需的额外学习时间，从而使大多数学生达到教学目标所规定的掌握标准。这种理论的实施核心包含了五种相关变量的控制：第一，学习时间。布鲁姆认为，时间量的安排是学生达到掌握水平的关键，如果学生有充足的时间去学习，则大多数人都能够达到掌握的水平。第二，学习毅力。毅力是学生愿意花在学习上的时间，与兴趣和态度有关。如果学生的学习不断获得成功，学生将会愿意在学习上花费更多时间，反之，学习意愿就会减少。第三，教学质量。教学的质量指教学各要素的呈现、解释和排列程序与学生实际状况相适的程度。由于个体差异性，学生对学习有不同需求，需要找到一种合理"程序"，适应学生的实际。第四，理解教学的能力。理解教学的能力是学生理解某一学习任务的性质和他在学习该任务中所应遵循程序的能力。只有改进教学，如通过小组交流、个别对待、有效地解释教科书、有效地运用视听方法和学习性游戏等系列教学才能使每一个学生提高言语水平，并发展其理解教学的能力。第五，能力倾向。能力倾向指的是学生掌握一定的学习材料所需要的时间量。布鲁姆认为，通过改变环境和外在条件，学生的能力倾向是可以被改变的。

---

　　① 林永柏：《布卢姆掌握学习理论学生观评介》，《外国教育研究》，1993 年第 2 期。

概括起来说，布鲁姆反对传统的观念，号召"我们必须转变对学生及其学习态度的看法"①。他认为教师给学生的指导是不均等的，只有班上三分之一的学生能得到长期的关注，这使他们能够取得优异的学习成绩。更多数的学生成绩不好并不是因为他们智力低下，而是由于他们中的大部分人得到的"关注"和"帮助"不够。所以，布鲁姆认为学生学习成绩的差异归因于他们学习条件以及学习速度的差异，只要能够给予"掌握"学习条件和学习速度的机会，每个学生都能取得满意的成绩。因此，教育者要保证学生有充足学习时间，以及给予学生适当的学习指导，"最大限度地挖掘每位学生的发展潜力，几乎每位学生都能完全掌握学习任务，教学应当使大部分学生都能掌握学习内容"②，布鲁姆强调面向全体学生，满足每一个学生的学习需要，帮助全体学生达成学习目标。掌握学习关注学生的个别化差异，为不同的学生选择适合的学习材料，给予个别化帮助及指导。此外，布鲁姆认为"当学生掌握了一门学科并得到了客观与主观的认可，那么学生的自我观念以及对外部世界的看法都会发生深刻的变化"③。因此主张学生之间的相互合作学习，以及师生之间的积极交流，为学生"自我观念"的塑造铺路。

掌握学习理论对于高校思想政治理论课混合式教学的实施有着重要指导意义。在混合式教学过程中，学生以教师提供的视频等学

① ［美］布鲁姆等著：《布鲁姆掌握学习论文集》，福州：福建教育出版社1986年版，第5页。

② ［美］布鲁姆：《教育评价》，上海：华东师范大学出版社1986年版，第64页。

③ ［美］布鲁姆等著：《布鲁姆掌握学习论文集》，福州：福建教育出版社1986年版，第95页。

习材料为线索，根据自己的学习情况合理安排并适时调节学习进度，由易到难，逐步递进，明确自己的学习水平，突破难点，获得进步。混合式教学有一个突出的优点，即保证教师能够有足够的时间和精力与学生交流互动。师生的交流互动是控制学习时间、改变能力倾向的重要步骤。它能够不断激发学生的学习积极性，使得学生能够以更专注、更热情、更全面的情绪进行学习。根据掌握学习理论，在混合式教学过程中，教师应随时根据学生整体的学习情况，学生个体的学习情况及学生的需要做出适时的调节和指导，随时与学生交流讨论，随时给予学生反馈与纠正。教师应该把学习的主动权让渡给学生，允许学生调整自己学习的步调，且按照自己能够适应的节奏进行个性化学习，从而达到较高水平的"掌握"。

五、行为主义学习理论

行为主义学习理论在 20 世纪初期由美国心理学家约翰·华生创立。华生在巴甫洛夫条件反射理论的基础上建立了行为主义心理学，主张心理学应摒弃主观的东西，只研究能够观察到的刺激和反应。华生认为人类的行为都是后天习得的，环境决定了一个人的行为模式。环境刺激与人的行为反应之间有规律可循，找到了特定规律，就可以预测人在某种环境下的可能的行为反应。华生把外在环境及其影响放在极为重要的地位，甚至坚信环境影响人的一切行为的形成。此外，行为主义学习理论特别强调教学要适应学习者个别化特征的需要，在学习者明确学习要求和内容的基础上，注重发挥每一个学习者的学习自主性，力求让所有的学生都能掌握所学的知识和技能，因此根据行为主义学习理论，"只有实施个别化教学才能促进学习者有效学习"①。这些理论观点对高校思想政治理论课混合式教学中的个性化学习具有不可忽视的参考价值。

　　将行为主义学习理论运用在混合式教学实践上，就是要求在实施教学过程中更加关注有利环境的创设。学生会根据受到的外界环境的刺激产生新的行为。学生靠在后天环境中进行学习而掌握更多知识，因此学习环境发挥着重要作用。在混合式教学中，教师要站在一定的高度上，更多掌握塑造和矫正学生行为的方法，从而尽可能对学生正常的和出色的行为进行强化，对不适合的行为进行减弱和消除。另外，斯金纳认为教学目标必须要越精细越准确为好，教学过程要更加关注怎样教，因为学生所学到的最终知识是教师设计的教学过程产生的刺激而获得的。在教学方法上必须要注意三点，第一，学习的资料要小部分进行呈现；第二，教师要立刻对学生的反应给予反馈；第三，学生要能自我掌控学习的进度、深度。

　　行为主义学习理论代表人物斯金纳还重视程序教学，要求根据程序教学法原则编制学习材料，为学习者的自我选择提供丰富的"材料库"。这样，学习者的自我定调、需求自选和教学过程的控制才有实现的足够可能性。教师在这个过程中扮演者"强化者"的角色，应注意设计及时的反馈。思想政治理论课混合式教学以线上线下两种教学手段、两个教育空间相结合的形式开展，保障了教学过程的完整性、个性化和多元性。把学习的选择权利下沉到学习者，使学习者自选节奏是混合式教学的一大优点。混合式教学中的线上学习部分将知识切割成小块，学习重难点各有针对性教学，个性化

---

　　① 张军凤：《有效学习：基于行为主义学习理论》，《天津市教科院学报》，2012 年第 4 期。

十分鲜明。线上向教师提问几乎都会在很短的时间内得到答复，教师与学生之间的交流互动加强，教师的"强化"作用得到更大程度发挥，教学效果在内容、手段和环境优化过程中得到提升，这些是行为主义学习理论的价值所在。

六、联通主义学习理论

联通主义理论是乔治·西蒙斯2004年在《联通主义：数字时代的一种学习理论》（*Connectivism：A Learning Theory for the Digital Age*）一文中提出的有关学习方面的理论。此后，西蒙斯一直致力于联通主义学习理论的研究和体系建构。2005年发表了《联通主义：学习即网络创建》一文阐述其学习观，2006年出版专著《知晓知识》阐述其知识观，2011年在博士论文《定向：分布式网络信息环境中的寻径和意会》中提出了联通主义学习发生的两大关键，即寻径和意会。联通主义学习理论的另一个代表人物斯蒂芬·唐斯的主要研究成果散见于其博客文章中，其研究主要包括"《联通化知识简介》，该文首次提出了联通化知识一词；《实践中的学习网络》该文阐述了网络具有多样性、自主性、联通性和开放性特征；《什么是联通主义》，该文着重阐述了联通主义；《可去之处：联通主义和联通化知识》和电子版博客集《联通主义和联通化知识—关于意义和学习网络的文章》"①。在他们的努力之下，联通主义学习理论的观点已经相对成熟。

联通主义学习理论的观点相对比较分散，涉及的面也比较多，

---

① 王志军，陈丽：《联通主义学习理论及其最新进展》，《开放教育研究》，2014年第5期。

进行系统性梳理是不容易的。但它从全新的角度提出了解释开放、复杂、快速变化、信息大爆炸时代学习如何发生的问题，是 Web 2.0、社会媒体等技术以及知识更新速度日益加剧背景下催生出的重要学习理论，契合了当前的时代特征和知识特性。是众多基于现代技术进行改革创新的新教育模式、新学习模式的重要理论来源。其主要内容已对数字时代的学习产生了不可低估的影响。联通主义学习理论把学习放在信息化、网络化社会结构的变迁中，西蒙斯认为学习是在知识网络结构中一种关系和节点的重构和建立，"学习是联结的过程"①。斯蒂芬·唐斯认为，联通主义理论把学习看作是网络的形成过程，强调在网络中学习，并利用网络来支持学习。"学习是网络现象，受到社交、技术、多样性、联结强度、学习环境的影响、支持和强化。"② 因而突出信息网络及依据信息网络的特点和变化做出选择和决策的意义。通过理论梳理，可以对联通主义学习理论的本质进行概括"联通主义学习是个体学习和群体学习相结合的学习"③，它强调学习者要建立自己的知识背景、经验和学习内容之间的联结。同时，每个学习者都有自己独特的视角，通过在多种媒体技术支持的空间中，与其他学习者之间进行持续的交流互动，把这些视角组合起来，从而形成整体性"联结"，对学习起到强化目的。

　　高校思想政治理论课混合式教学对新媒体新技术有着明显的重视和依赖，与联通主义学习理论"混合式研究方法是主要研究方法"

---

① George Siemens Connectivisn：A Learning Theory for the Digital Age［J］．Instructional Technology & Distance learning，2005，2（1）：3－10.

② 许涛：《试析联通主义慕课的理论与实践》，《比较教育研究》，2016 年第 10 期。

③ 王志军，刘璐，杨阳：《联通主义学习行为分析方法体系研究》，《开放教育研究》，2019 年第 4 期。

的特征严丝合缝，后者对前者的理论指导作用是不言而喻的。正如西蒙斯所指出的，学习已不是局限于一个人的活动，而是与许多信息的联结。以个人作为起点，学习的过程就如同在编织网，学习就是通过与外在的信息联结而不断完善自己的学习网。高校思想政治理论课混合式教学线上学习平台的搭建实际上就是对这一理论的实际运用和检验，通过线上学习平台，每个学习者自己的学习网络都得到"最大化"，从个人学习到学习小组，从班级到学校，从校内到校外，从国内到全球，在整个信息网络的联结中进行学习成为可能。知识的交流、思想的碰撞在全球学习者中展开，在这样的过程中，新的思想得以产生，新的智慧得以提振。思想经过交流的碰撞才会更加利于内化，高校思想政治理论课作为意识形态教育的主阵地、意识形态斗争的前沿堡垒、社会主义核心价值观教育的主渠道，需要通过网络进行信息交流和思想碰撞，从而加强思想的流通性，增强理论的说服力和感染力。总的来说，以联通主义理论为基础的混合式教学理论在高校思想政治理论课教学中的运用是顺应数字时代形势的必然选择，在理论的选择上大方向是正确的。

第三章　高校思想政治理论课
混合式教学的现实支点

高校思想政治理论课混合式教学是一种新的教学模式，是与以往思想政治理论课教学模式存在明显区别的具有新特点、新动向的理论创新，它在思想政治教育教学历史上独树一帜。混合式教学模式运用到高校思想政治理论课不是"拍着脑袋想出来的"，而是社会形势和实践发展的"新生儿"。它深深植根于新形势下的"现实"，并以"现实"为源头和支撑。大数据、新媒体、"互联网＋"的快速发展为高校思想政治理论课混合式教学的推进创造了现实可能性。

第一节　大数据赋能智慧发展

随着互联网与各种智能设备的普及，各类数据出现了爆炸性增长，而云存储、云计算等技术正帮助我们存储海量信息并从这些信息中挖掘出人们需要的东西，这样的时代被称为大数据时代。大数据技术是目前正在兴起的一场新技术革命，从本质上来说是信息革命的延续。大数据表面上就是数据容量巨大，本质上其实就是数据化的思维方式，"按照大数据的思维方式，我们分析任何问题都应以数据化的整体论眼光"①。大数据技术不但带来了数据采集、存储、传递和使用的技术革命，更重要的是引发了人们思想观念的巨大变革，带来了大数据时代自由、开放、共享的精神。大数据技术要求实现数据的自由、开放和共享，这使我们进入了数据共享的时代。

大数据时代，人们生产方式、生活方式、社会心理、文化关系发生深刻变革，直接改变了人们的沟通方式与信息传播方式。"大数据时代带来人类社会信息传播模式的深刻变革，相应也必然会对高校思想政治教育的信息传播及其功能实现带来巨大冲击。"② 高校思想政治理论课混合式教学就是借力大数据的重要表现。高校思想政治理论课混合式教学以线上学习为其中一"足"，实现了教学空间的无限延展，摆脱了传统线下教学受时间空间限制的困境。线上教学具有极强的自由属性、开放属性和共享属性，尤其强调教学信息资源的极大扩充、共享和自由获取，给学习者们提供了张扬主体性和个性化的机会。线上教学美好图画的绘就离不开大数据的支撑，线上学习这一"足"所能跨越的距离也同样由大数据来丈量。大数据给高校思想政治理论课混合式教学带来了技术上的强大助力，同样也带来了思想观念上的"颠覆式创新"。

---

① 黄欣荣：《大数据技术的伦理反思》，《新疆师范大学学报》（哲学社会科学版），2015 年第 3 期。
② 曲一歌：《大数据时代高校思想政治教育信息传播挑战与应对之策》，《思想政治教育研究》，2019 年第 4 期。

一、极大扩充高校思想政治理论课混合式教学信息资源储备

大数据为高校思想政治教育开拓了更为广阔的信息门户。在技术发展相对不足的过去，传统高校思想政治教育的工作路径受时空限制，只能依赖于随机抽样与局部分析。大数据的诞生克服了这一障碍，高校思想政治教育者不仅实现了信息存储、传递、更新的高速化，而且实现了信息获取渠道的多元化。大学生是网络世界中的"活跃主体"和"常住居民"，是数据信息的重要制造者、发布者、传播者和易受影响者。通过大数据技术，大学生在网络世界的学习、生活、通信等轨迹会被记录下来，海量数据由此生成，并成为高校思想政治教育信息数据库中的重要组成部分。此外，在大数据技术的支撑下，高校思想政治教育的研究对象不再是随机样本，而是全体样本。它实现了广度和深度的极大扩展，广度上即覆盖所有教育对象，深度上即涵盖每一个个体全过程的"数据节点"，"极大地改善了高校思想政治教育的数据缺乏之困，破解了以往高校师生之间信息不对称的窘境"[1]。

大数据为高校思想政治教育供给了更为丰富的教育资源。在大数据时代，数据信息已成为高校思想政治教育的基础性资源，为高校思想政治教育提供了丰富的教育教学资源，使高校思想政治教育内容越来越丰沛，理实结合越来越紧密。借势大数据技术，高校思想政治教育者可以将经过筛选的、有价值、有意义的数据信息引入线上课堂教学、线下课堂教学和实践教学中，及时将网络世界中的

---

[1] 李楠，张凯：《大数据时代高校思想政治教育的创新》，《马克思主义理论学科研究》，2019 年第 4 期。

最热的信息融入教学内容，这彰显了大学生的主体价值，更新了大学生的知识框架，提升了大学生的实践水平，大大增强了高校思想政治教育的亲和力、感染力与说服力。大数据时代下，高校思想政治教育的信息资源库呈现出全新的内容与形式，并具有开放性、多元性、共享性等时代新特征，为思想政治理论课的开展和推进蓄了一片数据信息的"汪洋大海"。

二、有力彰显高校思想政治理论课混合式教学主客体平等性

　　教育主客体的关系一直以来是教育教学研究的重点。教育主体也就是教育者，即教育实践活动的组织者和实践者；教育客体也就是受教育者，即教育者的教育对象。教育者和受教育者以什么样的角色出现在教育教学过程中，关系到教学实效性。一般认为，教师是"闻道之先者"，是"传道授业解惑"的知识传递者，在教学过程中居于绝对主导地位。学生是"闻道之后者"，在教学过程中居于从属地位，是知识的被动接受者。在教师居主导和控制地位的教学模式中，学生是"盛知识的两脚书柜"，必须听老师的，总体上缺乏创造性和创新性，同时也不利于独立人格形成和个性化发展。由于其特殊的学科属性，传统的高校思想政治教育尤其是一种单调单向的教育方式，教育者拥有权威性与主导性，学生作为客体，处于被动接受地位。这一种主客体的不平等性逐渐不能适应社会发展趋势和时代进步需要对人才的要求，实现教育主客体平等成为新时代教育教学改革的基本诉求和重要保障。

　　大数据时代的到来给教育领域带来前所未有的冲击。各类网络平台逐渐取代了传统媒介，新兴舆论场域被开发和快速发展，并渗透到社会的各个层面，对人们的"求知途径、思维方式、价值观念

产生重要影响，特别是会对他们对国家、对社会、对工作、对人生的看法产生重要影响"①，对网络世界的"常住居民"大学生影响最深。大学生们借助这些自由开放的网络平台，只需要动动手指就能获取信息和习得知识，实现了"我"的觉醒。大学生们不仅获得了更多的话语权，而且在选择教学内容与教学形式上也拥有更强的主体性与自主性。此外，大数据平台打通了一条获取信息的全新通道，大学生们的思维结构越来越多元，认知水平得到快速提升，思想观念与价值判断也为之一新，他们更加积极地追求平等和共享。施教者在传统高校思想政治教育体系中拥有的绝对话语权日渐式微，传统高校思想政治教育者的主导地位开始动摇，教育双方的主客体关系发生重大转变，逐渐走向平等化。由此不难看出，大数据技术将高校思想政治教育的主客体置于同等重要的地位，角色的转变正在新时代高校思想政治教育进程中强势发生，为混合式教学的开展做好准备。

三、有效优化高校思想政治理论课混合式教学科学化管理

大数据是一种现代化信息技术，也是一种运用广泛的创新性方法。大数据能有效实现方便采集、快速分析、便捷处理，是高校思想政治理论课混合式教学新的实施方法，尤其有助于科学化管理的推进。高校思想政治教育是"思想"教育，具有不易定量分析、不易科学评价、不易综合管理的属性，这三个"不易"也正是高校思想政治教育很难突破瓶颈的主要原因。混合式教学是思想政治教育

---

① 习近平：《迈出建设网络 强国的坚实步伐——习近平总书记关于网络安全和信息化工作重要论述综述》，《人民日报》，2019年10月19日，第1版。

的一种新的教学模式，也是一种新的管理模式，在大数据的技术支撑下，混合式教学得以把科学化管理运用到高校思想政治教育中来，进而全面、协调、有序推进高校思想政治理论课混合式教学的科学化管理。具体表现在以下三个方面：

第一，借力大数据掌握高校思想政治教育的前沿问题、时代课题和重点难题，跳出思想政治教育的低端重复"陷阱"，帮助高校思想政治理论课混合式教学跃上一个新层次。运用网络搜索、常用App、信息共享平台等手段对大学生的关注热点、难点和疑点进行数据分析，通过以大数据为支撑对全样本的采集和分析，可以充分掌握大学生的思想状况、心理特征和精神状态。数据的丰富性带来分析的科学性，分析的科学性带来结论的可操作性，在归纳和总结大学生的思想发展趋势、现状需求图谱和代表类型画像的基础上，坚持问题导向、问题意识和问题思维，对大学生进行实时、随机和针对性教育，"感知和发现思想政治教育形式空白的关键点、主题疏忽的核心点和内容遗漏的要义点，丰富和完善思想政治教育的内涵与外延、拓展和健全思想政治教育的内容与体系"①，从而使高校思想政治理论课混合式教学在方法和模式上实现优化。

第二，借力大数据掌握高校思想政治教育的管理要求、管理目标和管理任务，结束高校思想政治教育过程和整体性管理的混乱性状态，使高校思想政治理论课混合式教学论序铺展、错落有致。符合高校思想政治教育的管理要求、实现高校思想政治教育的管理目标、落实高校思想政治教育的管理任务，离不开大数据的具体化、

① 徐永利：《大数据融入高校思想政治教育探析》，《中国电化教育》，2018年第12期。

清晰化和定量化的功能发挥。所谓的"具体化",指的是大数据直接深入到每个大学生的个人,直击"最后一公里",每个大学生的具体思想认知、精神诉求和心理状态是必要管理对象;所谓的"清晰化",指的是大数据助力大学生进行多样化分类,有利于对教育对象一目了然、清澈见底的了解;所谓的"定量化",指的是大数据能够注重针对性、着眼具体性和强化权重性,按照教育成效、教育评价和教育反馈等分解和细化教育目标、教育环节、教育过程,明确教育主体责任目标、职能要求。高校思想政治理论课混合式教学管理的具化、细化和量化因此得以保障。

第三,借力大数据基于高校思想政治教育的决策样式、决策目标、决策分析,摆脱高校思想政治教育决策的习惯性、经验式思维框囿,从而使高校思想政治理论课混合式教学的理念创新与发展进程合拍。大数据科技为高校思想政治教育插上了现代化的腾飞翅膀、装上了向远的技术轮子。因大数据技术的融入和融合,高校思想政治教育具有并增强了"科学性""创新性",决策水平、决策效率和决策成效有了科学依靠。"相比依赖于小数据和精确性的时代,大数据因为更强调数据的完整性和混杂性,帮助我们进一步接近了事实的真相"①,大数据技术的具体化功用、科学化诉求、专业化方向,为分辨思想政治教育的问题成因,预判思想政治教育的发展趋势,探寻高校思想政治教育的最佳路径等提供了重要方法,为及时有效对思想政治教育的过程科学预警和反馈提供了可能。高校思想政治理论课混合式教学需要提前决策和形势研判,大数据技术为其注入

---

① ［英］维克托·迈尔·舍恩伯格,肯尼思·库克耶著,盛杨燕,周涛译:《大数据时代:生活、工作与思维的大变革》,杭州:浙江人民出版社2013年版,第65页。

的"科学性"，使得决策更加有力、管理更加科学。

四、深入变革高校思想政治理论课混合式教学思维方式

大数据是一种现代科技手段，但又不仅仅是一种科技手段，其本质是数据集，但意义也超越了数据集这个科技名词赋予的本身内涵。大数据对于极少部分人来说是与传统的数据管理和处理技术截然不同的现代科技手段，然而对于大部分人或者全社会的人来说是一种思维方式，这种思维方式蕴含在社会的各个层面，"甚至已经分布在了我们能够想象到的生产生活的各种领域"①，凝结成为大决策、大知识、大问题。大数据所造成的新的思维方式正产生并且会长期产生深刻影响，落实到高校思想政治教育领域，大数据不仅使我们能够以更崭新的手段深入了解当代大学生的生活、学习和工作状态以及他们的心理需求和精神世界，而且也为高校思想政治理论课混合式教学在横向和纵向上的推进开辟了思维新路。具体来说，受大数据影响，高校在开展思想政治理论课混合式教学过程中形成了三种"新思维"，这在以前是没有的或者不易见的。

第一是要素关联性思维。在我们的认知中，人是传统事件发生的重要因素，是数据产生的最主要因素，或者说是独一无二的因素。但在大数据时代，数据产生的主体已经由传统的"人"以多维扩展的形式变成"人""机""物"以及三者的融合。② "人"指的是人类的日常行为和社会活动；"机"指的是信息系统；"物"指的是我

---

① 彭宇：《大数据：内涵、技术体系与展望》，《电子测量与仪器学报》，2015年第4期。

② 彭宇：《大数据：内涵、技术体系与展望》，《电子测量与仪器学报》，2015年第4期。

们所处的物理世界。这三个主体相互作用、相互关联、相互融合，构成了极为丰富极为复杂且极具有创新性的世界。总的来说，大数据时代成为各要素彼此关联的时代，身处在这样一个时代的人难以避免受要素关联性思维的影响，且理应具备要素关联性思维，站在意识形态教育前沿的思想政治教育是一个显见的领域。要素关联性思维为高校思想政治教育的发展开辟了全新的视角，为混合式教学的高质量推进提供了有益的思路。随着大数据技术在教育领域的逐渐运用，高校汇聚了不同层次和各种类型的数据，这些网络数据信息的产生主体及数据组成要素之间存在着直接或间接、或近或远的关联性，对社交网络、搜索引擎中所生成的有关大学生的数据信息进行深度分析、挖掘、加工、提炼，揭示出一些隐含的、具有潜在价值的关键信息，高校思想政治理论课混合式教学可利用好大数据技术，从中探寻不同要素之间的外部关联、内在规律及其发展趋势，为思想政治理论课线上线下教学要素的结合、混合式教学实践空间的拓展、提高思想政治教育的实效性提供可靠借鉴。

第二是系统一体化思维。与传统数据管理的抽样手段不同，大数据的样本是全样，大数据即为总体，是通过对所有数据信息的全面分析，从而在某一方面得出合理科学的推断结论，是一种由大见小的整体性思维范式。在大数据时代，"人—机—物三元世界高度融合，在线形成了一个网络化的大数据系统，其内部包含了互联网、物联网连接而成的各类数据。这是一个高度复杂、强不确定性、持续动态演化的复杂系统，是系统的系统"[1]。"系统的系统"为我们

---

[1] 程学旗等：《数据科学与计算智能：内涵、范式与机遇》，《中国科学院院刊》，2020 年第 12 期。

提供了一体化思维方式，为高校思想政治理论课混合式教学创造了条件。大数据时代的高校思想政治理论课混合式教学应从整体论出发，充分利用大数据技术和方法将受教育者在现实生活和虚拟网络中的活动踪迹、社会关系都一一记录下来，全盘考虑、纵深剖析思想政治教育主客体的所有思想信息、价值关涉与行为习惯，进而发挥数据的聚合效应，形成一体化的数据链和信息库，力图做到多维度、全方位、立体化、全过程了解、认知、熟悉教育对象，促进高校思想政治理论课混合式教学系统，包括选择、决策、实施、评估、反馈等环节和方法的改进和创新。

第三是场域整合性思维。高校思想政治教育本质上是一种动态的实践活动，就教学过程实施来说具有动态性、开放性属性，它以教学场域为重要载体，对教学场域有很高要求，离开了教学场域的有效支持，思想政治教育本身就难以发挥出效能。以往的高校思想政治教育囿于科学技术的限制，教学活动只能在相对固定的时间和空间实施，属于"静态式"教学，对学生的思想状况、心理需要、行为表现等信息的追踪研究和及时指纠很难实现。这在很大程度上导致了高校教育思想政治教育陷入内容僵化、方法滞后的困境。随着大数据时代的到来，"大数据支持突破时空限制的交流、互动与反馈"[①] 的优势渐次散发开来，信息采集、加工、转化等先进技术逐渐在高校思想政治教育领域运用，实时记录受教育者在学习、工作、社交生活的全领域、全过程，在此基础上形成动态的数据链，准确把握思想信息的动态变化，并使得开展场域整合性教学成为可能。混合式教学实际上就是整合高校思想政治理论课教学场域的突出表

---

① 何克抗：《大数据面面观》，《电化教育研究》，2014 年第 10 期。

现，在场域整合性思维的指导下，高校思想政治理论课混合式教学还将跃上更高的质量台阶。

第四是个性化教育思维。人是生产力中最活跃的因素，一定程度上可以说人发展到了哪一步，生产力就会发展到哪一步。如何发展人千百年来一直都是教育的第一个议题，也是最难破解的难题，没有"最终的答案"。但相对来说，尊重受教育主体发展的个性化教育的方向总是对的。思想政治教育作为立德树人的主渠道，更是这个难题的"风口"。传统的高校思想政治教育是模式化教育、漫灌式教育、撒网式教育。大数据时代"用大数据分析出受教育者的思想、行为状况后，可以使用大数据的信息推送技术，采用受教育者喜欢的教育方式，将教育内容推送给受教育者"[1]，高校思想政治教育实现了整体性转变，正逐渐成为精准化教育、滴灌式教育、针对性教育。"谁生病谁吃药"取代过去的"一人生病大家吃药"模式。大数据时代的高校思想政治教育内容主要是根据大数据所反映的受教育者缺什么来确定的，大大提高了教育内容的针对性和教育方式的个性化。对于高校思想政治教育工作者来说，大数据时代信息生产和传播方式具有开放性特征，要具备信息传播的开放性思维，以开阔的心胸、开放性的视野去感受、判断并理性吸收大数据媒介带来的不同文化观点、理论认知，以宽容的精神和开放的心态主动与教育对象沟通交流，"了解其心理偏好和知识需求，并基于此设计教学方案，传递有效信息，消除思想政治教育信息传播与接收者的认知隔阂，塑造共同经验，达成信息共识，提升学生客体对思想政治教

---

① 张崔英，谢守成：《大数据时代高校思想政治教育的"变"与"不变"》，《重庆大学学报》（社会科学版），2019 年第 2 期。

育信息的接受度与认可度"①。切实把高校思想政治理论课混合式教学的个性化教育优势发挥出来。

第二节　新媒体矩阵意义凸显

　　高校思想政治理论课混合式教学以线上教学和线下教学相互结合、有机融合的形式呈现，通过快速发展的新媒体把教学时空重新整合，从而把全员育人、全程育人、全方位育人的"三全育人"精神和要旨落实落地。可以说，没有新媒体的发展，高校思想政治理论课混合式教学的开展将会失去重要支柱。更值得一提的是，随着信息技术的进步，多种媒体平台如雨后春笋般涌现，加之传统媒体突破单一传播模式，积极拓宽传播渠道，在智能手机 App 发展成熟后，微博、微信平台壮大后，借助微博、微信和 App 客户端组建成新媒体矩阵，逐渐形成了多维化、立体式的传播矩阵。新媒体矩阵由多个新媒体宣传阵地组成，通过多个阵地结合形成合围之势，对身处其中的每一个人都产生着包围式影响，对互联网的"原住民""常住民"——当代大学生来说尤为如此。因此可以说，新媒体矩阵的现代发展和意义凸显为高校思想政治理论课混合式教学铺就了现实之阶。

一、新媒体矩阵供给高校思想政治理论课混合式教学技术支撑

　　新媒体矩阵指的是综合运用互联网平台和现代信息技术进行媒

---

　　①　曲一歌：《大数据时代高校思想政治教育信息传播挑战与应对之策》，《思想政治教育研究》，2019 年第 4 期。

介呈现的一种新方式，当下微信公众号、微博、今日头条、豆瓣、知乎、简书、小红书等新媒体平台同向发力，共同组成了新媒体矩阵。新媒体矩阵大体上可分为协同新媒体矩阵、覆盖新媒体矩阵和联动新媒体矩阵三类。协同新媒体矩阵是指多个账号活跃在同一新媒体平台，同时为某一主体服务；覆盖新媒体矩阵是指不同用户在多个新媒体平台，发布相同或者不同内容形成矩阵，以用户覆盖率的增大帮助目标用户筛选的有效进行；联动新媒体矩阵是指两个或多个不同主体的新媒体平台合作完成各自主体指标所形成的矩阵，不同主体间相互制动，扩大影响，获取共赢。新媒体矩阵的表现形式尽管多样，但本质或者旨归都是为信息传播的加速插上技术的翅膀。

抖音、微信群、QQ 群、网络直播等各大新媒体平台上最活跃的用户就是数量庞大的大学生群体，他们成为新媒体的需求牵引者、技术创新者和流量推动者。新媒体矩阵进高校思想政治教育全过程是现实必然，也具有鲜明的现实意义。当前，新媒体矩阵已在高校思想政治理论课混合式教学中崭露头角、发挥作用。以"两微一端"、抖音、直播、快手为代表的多种新媒体平台共同发力，扩大在教学中的传播面，形成矩阵联动效应，进而打造出了现代线上线下智慧课堂。"智慧课堂是结合数据思维方式、大数据与云计算等信息技术打造的智能化、高效化、科学化课堂。"① 智慧课堂就是混合式教学的重要手段，它本质是一种动态的学习数据分析流，针对学习者在新媒体矩阵中"轨迹"反馈，进行大数据计算，并推送相关课程资源，实现"云计算、互联网、端口"的三方互动立体化、智能

① 张宝君，常潇楠：《融媒体背景下高校思想政治教育创优的实践进路》，成都大学学报（社会科学版），2021 年第 1 期。

化、即时化，混合式教学以新媒体矩阵为抓手，触发思想政治理论课教与学交流互动的"按钮"。

新媒体矩阵为高校思想政治理论课混合式教学供给了可靠的、可行的技术支撑。在高校思想政治教育融媒体建设过程中，新媒体相关技术应用程度作为重要的变量，决定了高校思想政治理论课混合式教学的底色，因此托举好新媒体矩阵技术是关键。新媒体矩阵的技术支撑主要体现在，第一，调控融媒体技术。多种新媒体平台之间的一体化、系统化、协同化不断加强，尤其是传统媒体与新媒体、新媒体平台与平台之间的互补与协调走向"深融"，传统媒体专注深耕内容，新媒体优化传播路径，多元媒体协同的融媒体发挥出实效。第二，提升智媒体技术。随着数字技术的快速发展，智媒体成为新媒体矩阵发展的新趋势。云计算强大的算力功能、大数据强大的数据资源汇聚功能、算法强大的内容和用户画像功能都为高校思想政治教育智慧化铺好了技术之路。高校思想政治教育要以新媒体矩阵技术为支撑，加快应用平台建设，建立思想政治教育资源储备库、在线仿真场馆、三维智慧教室，以智慧媒体搭筑智慧思政。第三，增强新媒体技术理念。对于高校思想政治理论课混合式教学而言，新媒体矩阵不仅是一种技术手段，更是一种技术理念。在新媒体矩阵发展的时代大背景下，高校思想政治教育工作者要牢固树立起"技术重要"的理念，提升新媒体技术的学习和应用能力，敲好"技术先锣"，努力成为"网络达人"和"技术能手"。

在新媒体矩阵的技术支撑下，一批令人眼前一亮、耳目一新的带有超强"技术感"的精品深受大学生们的欢迎和喜爱。一些网络精品资源具有"表达创新、创意出新、策划制胜"的新媒体思维，充分发挥网络传输和数字技术的优势，将5G、H5、VR等新技术融入产品的研发、制作与推送过程，运用长图、海报等美轮美奂的呈现方式图解理论、画说知识。例如具有代表性的"长征家族""史诗！一张长图看长征"等长图把长征火箭的发展历程和长征的全过程一目了然表现出来，学习者一看豁然开朗。这些"图解""画说"通过新媒体矩阵迅速传播，使更多人在观看途中学习了知识。还有一些优质作品运用 H5 技术增强了浏览者的交互感和视觉效果。其中比较突出的是人民日报、新华社、中央广播电视总台推出的庆祝中华人民共和国成立七十周年互动 H5《一笔画出 70 年》《VR 带你看人民军队强盛阵容》《身份认证》等都为浏览者提供了"体验式学习"。另外，人工智能、3D 影像、短视频、VR 直播、VR 短视频等新媒体技术也在不断被运用，现代数字虚拟技术、数字化体验馆等构建三维虚拟仿真情境，打造感官多维体验，给置身其中的人以"现实版"的感受。这些新媒体技术以其实用性、可操作性、个性化，被高校思想政治教育所用，成为高校思想政治理论课混合式教学的技术帮手。

二、新媒体矩阵助力高校思想政治理论课混合式教学内容提质

2014 年 8 月 18 日，习近平总书记主持召开中央全面深化改革领导小组第四次会议时强调："强化互联网思维，坚持传统媒体和新兴媒体优势互补、一体发展，坚持先进技术为支撑、内容建设为根本，推动传统媒体和新兴媒体在内容、渠道、平台、经营、管理等方面的深度融合，着力打造一批形态多样、手段先进、具有竞争力的新型主流媒体，形成立体多样、融合发展的现代传播体系。"① 习近平

---

① 习近平：《共同为改革想招一起为改革发力 群策群力把各项改革工作抓到位》，《人民日报》，2014 年 8 月 19 日，第 1 版。

总书记所要求的传统媒体和新兴媒体在"内容"上的深度融合并不是叠加和重复，打造数量攻势；更不是替代和更迭，实现我长你消，而是在内容上做"锦绣文章"。新媒体矩阵的重要意义在于"内容"和"流量"并生，并且"内容为王"，谁掌握内容，谁就守住了阵地，只有优质的内容才会拥有话语权和舆论支配权，也才有可能在新媒体生存下去。

新媒体矩阵的这一约束性实际上为高校思想政治理论课混合式教学规正了内容建设之路。思想政治理论课混合式教学的表征是创新教学形式，但如果只是把它理解成形式创新，就落入了形式"陷阱"。严格来说，混合式教学是以新形式牵引新内容，新内容附载新形式。当下有些思想政治教育工作者"痴迷"于形式之新，在课堂教学中把新媒体技术用一个遍，看似"新"，实则"旧"，不过是"新瓶装旧酒""雨过地皮湿"。这种情况下，教学内容还是以往的内容，教学主客体还是以往的主客体关系。新媒体矩阵告诉我们，把传统的内容移栽到新媒体场域中是行不通的，新媒体矩阵的"本质是传播优质内容，无论利用何种渠道进行传播，只有选择有价值、有内涵的内容，才能最大程度地发挥媒体的作用"[1]。在新媒体矩阵不断发挥影响力的时代，要扩大理论影响、抢夺话语权和意识形态先导权，赢得学生，高校思想政治理论课混合式教学必须在内容上提质。

作为新媒体时代"新新人类"的当代大学生，"指尖"已成为他们联结自我主体和外在客体的主要"触点"，通过多种新媒体获取

---

① 李鸿飞：《论外研社新媒体矩阵建设的实践与经验》，《出版发行研究》，2020 年第 12 期。

信息、掌握学习知识、掌握新技能成为他们日常生活的"新样态"。当代大学生的张扬个性、异类求新的性格在新媒体矩阵中有了更大的发挥空间。"新媒体所具有的阅读资源，不仅能够为学生提供丰富的阅读视域，扩展学生视野，更是为学生创造出了一种极为个性化的学习环境，学生可以凭借新媒体技术自由选择学习方式。"① 学生们的"自主学习"和个性发展得到保障，这是一个非常好的变化趋势，对高校思想政治教育"立德树人"根本任务的落实是十分有利的。但当前高校思想政治理论课内容的深度、温度和效度尚不足，虽然混合式教学带来了教学方式的"新"，新媒体技术也逐步被运用到课堂教学中来，但内容优质的"线"还高于头顶。为此，把握教育对象的新变化，树立用户思维，内容供给要从学生主体性和现实需求出发，把优质"食粮"摆在学生面前，是新媒体矩阵提供的生存智慧。

在新媒体矩阵时代，面对复杂的信息环境、多样的信息内容，多元的信息主体，高校思想政治教育要想筑牢意识形态话语权，就必须深耕新媒体生态空间作品的理论性、政治性、思想性、人文性。第一要做强理论性。理论只要彻底，就能说服人。只有把理论讲清、讲透，才能以理服人。针对新媒体碎片化、零散化的信息传播特点，面对移动阅读和微阅读、碎片化阅读等接受模式，高校只有加大理论性内容的供给力度，盘活理论性内容的存量，从内容表达上寻找突破点，才能以彻底的理论科学地、精准地阐释问题，用科学理论战胜信息"噪音"，以理性的力量引导学生。第二要高扬政治性。高

---

① 王明昌：《新媒体矩阵在中学语文课堂中的应用路径》，《福建教育学院学报》，2020 年第 11 期。

校思想政治教育新媒体矩阵作为高校意识形态教育的主渠道，必须从"为谁培养人"的高度，把政治性放在内容建设的首位，从政治高度上设置主题和议题，以蕴含政治性、价值性、思想引导性的优质内容滋养学生。第三要凸显思想性。内容既要"好看"，还要"有深度"。大学生爱猎奇但并不肤浅、好轻松但从没放弃追求思想深度。因此，要强化内容价值性必须在内容思想性上下功夫，用真理的力量感召学生，用有深度的内容吸引学生。第四要彰显人文性。要落实学生中心地位，从围绕、关爱、尊重学生出发，将显性规约与隐性教育相融合，以满足学生成长成才的现实需要为落脚点，以学生真实生活为原料和素材，将抽象、宏大理论知识转化成接地气的、学生易接受的、精细化的"微"内容，帮助学生解决思想之惑和生活之困。

我们这个时代是"大"时代，也是"微"时代。微信、微博等微媒体的快速发展，为人们营造了一个无"微"不在的新空间。微媒体内容个性化、形式多样化和体验化的特点符合高校学生思想活跃、个性张扬、善于接受新事物的特点。面对"微"业态，高校思想政治混合式教学只有扬"微"之能，才能细致入"微"。第一要打造"微课程"。要强化'微课程"的研发，通过增加投入、打造微队伍、整合微资源，打造"微"思政"金课"和"微"思政"精品"课程。第二要贴近"微生活"。深入学生生活，及时挖掘"微典型"，捕捉"微现象"，发现"微问题"，以"微故事"讲解、微视频和微动漫展示、微交流和微议题设置，宣传典型、分析现象、解决问题。第三要传递"微能量"。按照选题切入点小，具体操作点细，受众参与性强的理念，以精、微、细的微视听作品，传递"微能量"。《人民日报》2020年"两会"期间推出《中国减贫时间线》

和《两会艺览》，以及人民网、人民视频针对新冠肺炎疫情推出《人民战"疫"》等专题微视频，这些成果都是微媒体支持下的优质作品，质量上乘，使用价值高，参考性很强。高校思想政治理论课混合式教学应多汲取"微"经验"媒"技术，"加强网络平台与媒体阵地的建设，借助微信、微博等渠道搭建思政课网络教育平台"①，以内容提质助力实效彰显。

三、新媒体矩阵提升高校思想政治理论课教师时代核心素养

教学好不好，主要还是看教师好不好，一个学校能不能为社会主义建设培养合格的人才，培养德智体美劳全面发展、有社会主义觉悟的有文化的劳动者，关键在教师。正如习近平总书记所强调的："人才培养，关键在教师。教师队伍素质直接决定着大学办学能力和水平。"② 高校思想政治理论课混合式教学本质上是教学形式的创新和教学主客体关系的变革，学生不再是服从者和学习的被动接受者，教师的角色定位也发生了重要转变。但"新"并不意味着打倒一切，建立一个完全不同的教学世界。准确地说，"创新"中有"守正"，"变化"中有"不变"。无论如何创新和变化，教师在教学中的关键性作用不会有丝毫减弱，只会在另一个层面发挥更关键的作用。毛泽东在论及民主党派时曾说过，飞鸟尽良弓转，转到更有利的地方去。看似在新媒体环境下，教师的地位在削弱，其实正在转向。当然这一转向并不是自然发生，需要教师们顺应形势、提升品位、自

---

① 杜艳艳：《新媒体时代提升高校思政课亲和力的策略》，《学校党建与思想教育》，2021 年第 4 期。
② 《习近平在北京大学师生座谈会上的讲话》，《人民日报》，2018 年 5 月 3 日第 2 版。

我淬炼，不断增强新本领。

　　新媒体矩阵正在打造一个自由、开放、公正的信息传播生态，能者上，不能者退，这是摆在全体思想政治理论课教师面前的无可争驳的现实。打铁还需自身硬，只有提升教师时代核心素养，教育者自己先受教育，传道者自己要明道信道，敢当能当学生思想引领"先锋"，方能"到中流击水，浪遏飞舟"。第一，加强高校思想政治理论课教师思想信念教育。习近平总书记说："正确理想信念是教书育人、播种未来的指路明灯。不能想象一个没有正确理想信念的人能够成为好老师。"①　思政课教师要不断学习马克思主义基本理论、马克思主义中国化的理论成果、习近平新时代中国特色社会主义思想、习近平关于高校思想政治教育及新媒体新技术发展的相关讲话精神，增强"四个意识"，坚定"四个自信"，做到"两个维护"，提高"四个服务"能力。第二，加强高校思想政治理论课教师职业道德教育和职业"底气"教育。发挥高校思想政治教育学科优势，坚定理想信念，明确立德树人的责任和使命，提升自信心自励心，把好思想"总开关"，理直气壮上好思政课。第三，加强高校思想政治理论课教师时势政策教育。围绕新时代、新形势、新理念、新格局展开专题教育学习，认清全世界、全人类、全社会发展大势，了解现代科技发展、新媒体发展、高等教育改革大势，提高适应新时代、应对新要求、解决新问题的能力。

　　新媒体时代，尤其在新媒体矩阵深度发展背景下，高校思想政治教育主体需求日益多元、诉求日益多样、思想日益多变。面对教育对象的新变化，高校思想政治教育工作者要掌握透彻的理论、强

---

① 习近平：《做党和人民满意的好老师》，《人民日报》，2014年9月10日第2版。

大的真理、鲜活的现实魅力，具备解疑澄惑，帮助学生扣好人生第一粒扣子的时代核心素养。基于此，高校要担负起提升教师素养、培养优质教师队伍的责任。一方面，根据思想政治理论课教师的思想动态、心理变化、学习需求，展开个性化"菜单式"培养，制定群体和个体培养菜单，把整体培养和精细培养统一起来，允许教师从自身实际情况出发选择培养"菜单"，引导他们在真学、真懂、真信、真用上下功夫。只有真学、真懂、真信理论，才能掌握理论真谛、领会理论实质，形成理论自觉，提升理论素养。另一方面，结合思想政治理论课教师队伍每一个成员个体的岗位要求、年龄结构、专业结构，制定分级化、个性化、差异化的职业发展计划，通过多种途径建立协育共同体，拓展培育途径、共享教育资源、打造优质思政师资之效。

新媒体时代，教师的核心素养组成要素更为复杂，但也有轻重缓急之分，提高科学把控微空间意识形态主动权、灵活运用新媒体技术开展教育教学的能力是当务之急。习近平总书记高度重视网络强国建设，突出强调："要主动适应信息化要求、强化互联网思维，不断提高对互联网规律的把握能力、对网络舆论的引导能力、对信息化发展的驾驭能力、对网络安全的保障能力。"[1] 推进高校思想政治教育与新媒体矩阵的深度聚合，离不开一支政治素质过硬、媒体素养优良、技术能力过硬的思政课教师队伍。高校思想政治理论课教师要把学习新媒体、理解新媒体、掌握新媒体、运用新媒体、用活新媒体当成一件重要的事去做，因事而化、因时而进、因势而新，

---

① 习近平：《敏锐抓住信息化发展历史机遇 自主创新推进网络强国建设》，《人民日报》，2018年4月22日第1版。

时刻与学生同在、与现代科技同步、与新媒体矩阵同行。这需要在高校总体层面进行统筹、在教师个体层面做好落实。

第一，高校要树立"数据"意识。大力开展常态化教育培训，提高思想政治理论课教师队伍"数据"意识和技术素养，提高思想政治理论课教师对思想政治教育移动化、智能化、智慧化认识，提高对数字技术价值的认识，对媒介素养的敏感度。激发思想政治理论课教师们学习、掌握和使用大数据开展思想政治教育的积极性和主动性，增强他们善用新媒体矩阵搜集、汇合、整理数据，并通过数据关联、分析、把握学情的能力。第二，高校要综合施策培养思想政治教育新媒体专门人才。结合本校思想政治理论课教师队伍的实际情况，对在新媒体领域有意向、有天赋深耕的思想政治教育工作者进行特别照顾，创造相应条件，提供激励性措施，鼓励他们到媒体、企业、院校中去学习深造，在学习和实践中增长才干。此外，高校要在做好"个别"的同时，做好"普遍"。在提高全员素质和能力上下功夫。通过邀请专家学者、网络媒介行业能手到校开展网络和新媒体技术培训等方式，提高整个教师队伍的媒介素养和媒介融合能力。第三，高校要加大"空中课堂"内容建设，为思想政治理论课教师的自主学习供给优质资源。牢遵共建共享理念，发挥新媒体传播优势，发覆各方优质资源，建立链接学习"空中课堂"，让思想政治理论课教师的自主学习有方法、有内容、有质量，从而增强学习的自觉性和主动性，提高适应、运用和引领新媒体矩阵积极性。

综之，新媒体矩阵对于高校思想政治理论课混合式教学的形式创新和内涵深耕提供了时代契机。混合式教学尊重学生主体地位理念的实现、线上线下教学空间的整合、师生深度交流互动的开展，当前，随着多种新媒体平台的迅速蔓延，新媒体矩阵发展势头迅猛，为高校思想政治理论课混合式教学提供了坚实的技术支撑，也拓宽了增量提质之路。当下，新媒体矩阵意义不断凸显、价值不断张扬、内涵不断深化，高校思想政治理论课混合式教学要扎扎实实把这个"现实支点"掌握好、运用好，为高校思想政治教育的技术化、智慧化贡献力量。

第三节　"互联网＋"深度推进

随着现代科技的发展，互联网已跳出行业局限，向更宽广的领域渗透，向深远的层次聚焦发力。2012年11月14日，易观国际董事长兼首席执行官于扬首次提出"互联网＋"理念。他认为"互联网＋"公式应该是我们所在的行业目前的产品和服务，在与我们未来看到的多屏全网跨平台用户场景结合之后产生的这样一种化学公式。我们可以按照这样一个思路找到若干这样的想法。2015年3月，全国两会上，全国人大代表马化腾提交了《关于以"互联网＋"为驱动，推进我国经济社会创新发展的建议》的议案，呼吁持续以"互联网＋"为驱动，鼓励产业创新、促进跨界融合、惠及社会民生，推动我国经济和社会的创新发展。

2015年3月5日，李克强在第十二届全国人大第三次会议上做《政府工作报告》，提道："制定'互联网＋'行动计划，推动移动互联网、云计算、大数据、物联网等与现代制造业结合，促进电子商务、工业互联网和互联网金融健康发展，引导互联网企业拓展国际市场。"对"互联网＋"做了政策上的部署。所谓的"互联网＋"

即充分发挥互联网在生产要素配置中的优化和集成作用，将互联网的创新成果深度融合于经济社会各领域之中。在中央部署和社会大力推动下，"互联网＋"已在包括思想政治教育等众多领域得到运用，取得了阶段性成果，且还在继续深度推进，为高校思想政治理论课混合式教学创新了思维、丰富了资源、指引了方向，成为不可或缺的现实依托。

一、"互联网＋"跨界融合理念创新高校思想政治理论课混合式教学思维

"互联网＋"原指把互联网技术与传统业态相结合，实现业态升级。各种传统产业引入"互联网＋"不是为了图新鲜，也不是简单把互联网技术拼接到自体上来，其根本目的在于"融合"，把互联网的强大优势注入到产业中来，重组产业固有要素结构，激活产业新活力。随着现代信息技术的升级进步，互联网的包容性和适用度极大延展，"互联网＋"的提出以及在更广泛层面的应用已有五个年头，就发展情况来看"互联网＋"几乎可以与当前可预见的一切产业实现跨界融合。"互联网＋"跨界融合的成功实践正在形成一种前所未有的理念，对我们每一个人的思维方式发生深刻影响。"互联网＋"对高校思想政治理论课混合式教学的意义不仅在于它作用于课程重构、内容优化、方式变革，还在于它提供了新思维。

整合线上线下两种教学资源，两个教学空间的混合式教学模式运用到高校思想政治理论课中已经有五六年时间，经过这一个阶段的尝试，高校思想政治理论课无论在教学内容、教学形式还是在教学主客体关系上都出现了令人惊喜的新变化，一些由"互联网＋"催生的思想政治理论课教学成果堪称精品。总体来说，高校思想政

治理论课混合式教学经过几年的辛苦铺路，形式初备、规模初成、基础初具。当然，在看到成绩的同时，也不可回避不足。由于认识的局限性，近几年来，高校思想政治理论课混合式教学的实践轨迹大体上是把互联网技术手段拼接到传统课堂中来，传统课堂教学在思想政治教育中唱主角，网络教学居于次，甚至于只是形式上的补充，有为了新而新的意味。随着"互联网＋"的不断发展和逐步成熟，跨界融合理念逐渐深入人心，对高校思想政治理论课混合式教学有了新的启发。在此启发下，高校思想政治理论课混合式教学应该且必会在思维上进行两个创新，即"突破人为划分的课堂和网络的主次关系""突破网络只服务于第一课堂教学环节的守旧观念"①。从而为混合式教学服务于高校思想政治理论课的落实和推进开辟新的思维路径。

"互联网＋"所强调的跨界融合并不是把原有的秩序推倒重来"换了天地"，而是以传统业态为主体，开辟一种信息共享、协同合作、资源互补的新发展路径，为传统业态的升级铺一条新路。所以，高校思想政治理论课混合式教学的思维创新尽可能胆子大一些，努力把各种思政元素引流到思政教育的"广阔天地"中来，并基于"互联网＋"跨界融合理念，在"融合"上着力。这里的"融合"既指线上教学多种平台的融合，也指线下教学各种资源的融合，更指线上与线下两种教学空间的融通。应整合信息传播方式，拓宽信息沟通渠道，无缝连接线上线下教学资源，达到"你就是我，我就是你"的境界，便捷广大师生接触更多的优质信息资源，从而搭建

---

① 刘淑慧：《"互联网＋课程思政"模式建构的理论研究》，《中国高等教育》，2017 年第 8 期。

起完善的现代化信息网络。混合式教学的优势有很多,其中之一便是信息资源的丰富、优质、快捷易得。以往的思想政治理论课信息资源的传递是单向的、有限的、受时间约束的,在"互联网+"理念影响下,思想政治理论课混合式教学信息资源的流通朝着多向、多元、多维推进。这是提高思想政治教育实效性的卓有成效的尝试。

二、"互联网+"开放生态丰富高校思想政治理论课混合式教学资源

　　开放生态是"互联网+"的一个极大优势,也是突出特征。在"互联网+"生态中,各个行业皆被置于同一个网络环境,各个行业特有的资源在这张巨大的网络中进行展示、排列、共享、重组。信息的"垄断"逐渐被打破,资源的优势互补、要素的优化配置成为可能,共同形成了一个开放共生的发展生态。各个行业自身的信息资源总是有限的,更新的速度和成本也是较大的,这就是为什么短短不过二十余年的互联网时代的信息生产量比以往几千年都要多。因为有了"互联网+"造就的开放生态,各个行业的质变才具备了现实条件。高校思想政治理论课混合式教学的出现也正是如此。以往的思想政治教育受区域、环境、学校、师资、课程设置等诸多因素的制约,发展不平衡不充分。但在"互联网+"时代,信息资源前所未有的丰富,"将极大缓解我国思政课专职教师配备不足地问题,大大缩小思政教育上的地区性差异"①。高校思想政治理论课混

――――――――――

① 伏永祥:《"互联网+"思政教育助力培养新时代青年》,《人民论坛》,2021年1月上。

合式教学在推进过程中因资源短缺而出现的"心有余而力不足"问题，将在"互联网＋"时代不复存在。

　　高校思想政治理论课混合式教学是以学生主体性的充分激发为前提的。形式即便再创新，如果学生对此"不感冒"，一切都将无从谈起。因此，高校思想政治理论课混合式教学的开展原本是有风险的，既要求教学供给的内容优质且有吸引力，又要求学生有强烈的主观学习意愿，二者缺一不可。内容的优质要有海量资源的支撑，学生强烈的学习主观意愿的形成很大程度靠教学形式的黏性。从这个角度来说，混合式教学由理论到现实的成功起飞是不容易的。"互联网＋"的开放生态恰是高校思想政治理论课混合式教学动力十足的"助跑器"和"飞行器"。自互联网普及以来，网络世界对青年大学生的黏性越来越强，网络技术更是塑造了青年大学生的学习、生活和工作思维。随着"互联网＋"方式的快速发展，青年大学生们对互联网的依赖程度非常高，已经离不开互联网，离不开新媒体。这为高校思想政治理论课混合式教学的开展创造了便利条件。利用青年大学生日常生活中的大量碎片化时间和网络实时传播、精细入微的特点，大力推进"互联网＋思政教育"建设，把高校思想政治理论课混合式教学做强。

　　高校思想政治理论课混合式教学实际上是突破思想政治教育原有的"自扫门前雪"的框架，实现由"守好责任田"到"大家来耕田"的转变，着力于构建"大思政"的育人格局。所谓的"大思政"，就是"要坚持全员全过程全方位育人的基本原则，把思想价值引领贯彻到教育教学全过程和各环节，用好课堂教学这个主渠道，整合运用一切可能的力量，搭建教学、科研、实践、管理、服务、文化和组织等工作矩阵。"①"互联网＋"的开放生态为教学、科研、实践、管理、服务、文化和组织工作的协调互补、同向发力提供了坚实可靠的支持。"互联网＋"的开放生态使得思想政治教育工作与其他各项工作的套嵌成为可能，而且保证了二者的融合不至于成为生硬叠加。此外，"互联网＋"的开放生态为高校思想政治理论课混合式教学拓展了国际视野，开发了繁多的国际资源，为"整合国内外优质在线开放课程、电子文献资源，制作满足课程目标的电子教案和分模块学术前沿专题资源，提供给学生丰富的在线课程资源"②创造了不可多得的条件。弥补了国际信息资源传递中存在的时间和空间的隔阂，使学生们增强了对国际社会的深刻了解，增强了对家国情怀和文化自信的认识，进而用真理和事实占领意识形态高地。

三、"互联网＋"要素整合模式指引高校思想政治理论课混合式教学方向

高校思想政治理论课混合式教学从理论上来说是各要素的汇集融通。通过运用多种现代化信息技术手段和教学组织形式拓展线上教学，升级线下教学，打造一个"翻转过来"的新思想政治理论课。理论的勾画是好的，但理论走到实践中去却是不容易的。经过近几年的发展，高校思想政治理论课混合式教学的短板尚在，出现重形式轻内涵、重线上弱线下、重学生自学轻教师指导等问题，有些思政课虽花样百出，但得到的反馈却是"云里雾里"；有些思政课全部把内容搬到了线上，线下教学若有若无；有些教师乐得当"甩手掌

---

① 《聚焦"大思政"》，《光明日报》，2020 年 10 月 10 日第 11 版。
② 于艳君：《"互联网＋"下在线教学模式探索与实践》，《黑龙江教育（高教研究与评估）》，2020 年第 11 期。

柜",学习权利全部"下放"给学生。这些弊病的出现根源在于没有认真领会混合式教学的要旨,人为地把多种思政要素割裂开来。"互联网＋"是进行要素整合和资源优化的典范,于高校思想政治理论课混合式教学而言,是重要的方向指引。高校思想政治教育工作者应学透弄懂,树立起要素整合理念,借以重新认识混合式教学模式,进而落实到改造自己的教学工作实践中。

须知道,一堂高品位的受欢迎的思想政治理论课有很多决定因素,如教学内容、教师魅力、教学组织方法等。教学内容要因事而化、因时而进、因势而新,教师要自我淬炼、提高本领、增强魅力。除此之外,在"互联网＋"深度推进的时代背景下,善于运用新媒体新技术,促进课程与信息技术的高度融合,把各种要素整合一体成为必然。互联网空间,思政课不但不能躲避,而且应该主动占据,充分利用。调动和整合各要素服务于高校思想政治教育是时代所需、大势所趋。现在有些高校很大程度上发挥了"互联网＋"效能,学生通过观看视频讲座、阅读电子书完成知识性、概念性内容的学习,还可利用网络社区模块参与学习讨论,资料的查阅也变成"哪里不会查哪里""哪里不会随时查"。教师的角色定位也得到了升级,不再需要用大量时间讲授基础知识,而将更多精力放到协助学生讨论、完成个性化学习上,形成了"好学带动学好"的良好风气。这些探索都是颇有意义的,在已有探索的基础上,应进一步汲取"互联网＋"要素整合理念的积极成分,做细做好高校思想政治理论课混合式教学。

一方面,深度融合线上线下教学。用好课堂教学主渠道,促进传统课堂教学转型升级。在课堂上鞭辟入里讲理论、旗帜鲜明讲政治,在课堂教学管理方面,可依托"互联网＋"手段加强课程督导,有效检验学习效果，评估思想政治理论课实效性。课堂教学外，可用"互联网＋"开辟更宽阔的教育教学场域，盘活思政课空间资源。还可进一步开发"慕课"，积极打造混合式教学资源平台、"云思政"、精品课视频资源等，以此构建立体式思想政治理论课教育教学体系。此外，建立互通互享的网络平台、微媒体、新媒体矩阵，形成"点—线—面"有机结合的多层次、立体化的"云思政"教育包围圈。坚持思想政治教育的思想性和亲和力相统一的原则，让坚定信仰、家国情怀和宏远理想内化于心、外化于行，使"互联网＋"成为贡献于高校思想政治理论课混合式教学的最大增量。

另一方面，整合各类思政要素，发挥课程思政的育人作用。"将思政元素深度融入课程，是课程思政向更高层次发展过程中由量变到质变的基础和前提，也是影响课程思政实施效果的关键。"① 充分发掘和运用各学科蕴含的思政育人资源，让各类专业课程与思想政治理论课形成育人合力。学校应定期或不定期举办讲座、培训、教学创新大赛等不断丰富互联网教学考评的内容和手段，鼓励每一位教师深入思考网络教学、不断积累网络教学经验、积极搭建课程思政教育平台。每一位教师自己也应自觉围绕国内外热点问题，定下心来磨慕课、独辟蹊径做微课、聚精会神创金课，开辟自己的一方网络教学园地，使用具有时代感的语言贴近学生，使用新媒体技术手段聚集学生，俯下身来和学生交流、沟通、做朋友。从而使各类课程的思政育人要素充分涌流，汇聚成立德树人的一汪海洋。

综之，混合式教学的开展和推进是不容易的，需要抓住重点、

---

① 杨晓宏等：《"互联网＋"背景下高校课程思政的价值意蕴与实践路径研究》，《电化教育研究》，2020 年第 12 期。

突出优势、疏通堵点、补齐短板，及时捕捉信息技术发展动向，并加大研究、领会、掌握、运用力度，把要素整合、资源融通做细做实。"互联网＋"作为现代科技创新和思维创新成果，具有强大的实践性，是高校思想政治理论课混合式教学不可多得的"施展拳脚"的平台。大数据为高校思想政治教育开拓了更为广阔的信息门户，提供了海量的教学资源和研究教学、分析教学、考核评估新的视野。新媒体矩阵的形成增强了网络世界对大学生的黏性，使信息的迅速传播、优质教学内容的出产、师生间平等有效的沟通更加"出彩"。这些都是高校思想政治理论课混合式教学技术的"燃料"，高校思想政治理论课混合式教学应把握其精髓，做好"提纯"和整合工作，真正做到"为我所用""为我用好"。

第四章 高校思想政治理论课混合式教学主要模式研究

混合式教学借助数字信息技术，通过建立网络教学空间，针对不同受众的不同学习需求，重新划分教学环节和教学功能，使教学在线上线下两个空间同步，实现与传统课堂教学的深度融合。并发挥各自优势，拓展教学功能，扩大教学覆盖面，增强教学针对性和亲和力。混合式教学是方式的改变，也是理念的变革。这一新的方式和理念运用到高校思想政治理论课，催生了一系列教学实施模式，包括翻转课堂、对分课堂、创客教学等。这些教学实施模式各有优势，其中的经验值得研究、总结和汲取。

第一节 翻转课堂教学模式

翻转课堂译为"flipped classroom"或者"inverted classroom"，意思是把课堂颠倒过来，重新调整课堂内外的时间，将学习决定权"下放"给学生，由学生根据自身实际情况选择学习时间和学习内容。教师的角色由知识的讲授者变成答疑者，课堂成为师生和生生交流、讨论、沟通的空间。在翻转课堂教学模式中，每个学生都能选择最适合自己的方式接受新知识，具有更多的自主性，把知识的学习放在课堂外。在课堂内进行知识内化，学生之间、学生和教师之间可以有更多时间进行互动交流。简而言之，翻转课堂教学模式是一种有效的教学手段，"为高校思想政治理论课注入新的活力，有力提升了高校思想政治理论课的针对性、亲和力与实效性"①，为学生营造个性化学习平台，使学生的主体性、个性化发展得到保障。翻转课堂教学模式是混合式教学典型的表现形式。

一、思想政治理论课翻转课堂教学模式的优势

高校思想政治理论课是理论性很强的课程，具有强制性和抽象性。上好思想政治理论课，难就难在提高学生的积极性上。近几年，思想政治教育教学改革的一个焦点问题就是如何提升趣味性和亲和力。学生学习积极性不高，主要原因在于思想政治理论课一直以来采用"我讲你听"的教学模式，"我出卷你考试""你答题我打分"的考核模式，教师"一支粉笔，一本教案"，学生被动接受知识灌输。总而言之，学生学习的"自我意识"未得到激发，师生间的良性关系未有效建立。翻转课堂创新教学平台，调整课内课外时间，"颠倒"教师学生角色定位，充分张扬了学生的自主性，"在一定程度上重新定义课堂"②。翻转课堂供给学生大量的自主学习时间，学

---

① 赵亮，周松：《高校思政课翻转课堂的应用问题及其对策》，《广西社会科学》，2020 年第 11 期。
② 王凡：《基于翻转课堂的思想政治理论课教学改革路径探析》，《长春大学学报》，2020 年第 10 期。

生可根据兴趣和时间自由安排线上学习进度，并在学习过程中养成问题意识和探究意识，问题意识和探究意识的养成对于激发兴趣和提高效率有着至关重要的意义。翻转课堂还大幅度增加师生互动环节，发挥网络平台优势有效消除师生面对面交流的心理不适，使交流互动更加高效，从而激发了学生的积极性。

翻转课堂教学模式实施方法是"学生通过网络资源课前掌握课程知识内容，在课中进行丰富多样的协作活动深化和拓展知识，课后深化内容并开展新知识的学习，强调学生学习的主体性和主动性"①，这有利于满足学生的个体化差异和个性化需求。受家庭、社会、人际关系、身心发展程度等因素的制约，学生们之间存在着个体化差异，有些学生的理性思维强，对理论性知识的理解和接受度较高，更能适应传统课堂教学模式，但有部分学生知识结构、认知能力和理性思维相对较差，常常会成为"后进生"。个体化差异有时体现的很明显，忽视了这些差异必然导致教学效果低下。"翻转课堂"先学后教、以学定教，以学生为中心，强调学生个性化学习。它颠覆了传统思想政治理论课教师先教后学，以教导学的教学模式。在此教学模式下，学生的积极性不高、客观条件受限、传统"教—学"式的师生关系障碍等问题得到很大程度解决。以翻转课堂教学模式调整教学内容和教学方式，有利于实现学生个性化学习，以因材施教、有的放矢保障学生个性化需求的实现。

翻转课堂教学模式适应了当代大学生的学习习惯，为思想政治教育赢得了学生。当代大学生思想开放，兴趣广泛，视野开阔，对

---

① 张乐，仲丽萍：《基于翻转课堂的大学生思政课"线上＋线下"混合式教学策略探析》，《高教论坛》，2020 年第 9 期。

新事物充满好奇心和探索欲，是时代发展潮流的密切追随者。作为一种"灵活式、问题式、快餐式、闯关式"的学习模式，翻转课堂迎合了当代大学生的品位。"灵活式"指的是翻转课堂教学模式改变了传统教学受时间空间限制，进行单向知识传授和缺乏灵活性的弊端，实现了通过多种移动终端随时随地学习。"问题式"是指以真实问题为"材料"设计课堂活动，以"问题"牵引学生。"快餐式"是指微视频时间一般限制在十分钟左右，与当代大学生碎片化时间学习的需求契合。"闯关式"是指微课程添加游戏进阶闯关的"趣味"元素，"闯关"即可获得奖励，"闯关"即可以打开进一步学习的"百宝箱"。这种"灵活式、问题式、快餐式、闯关式"模式的设计贴近大学生的生活和趣味，迎合了大学生的学习习惯，教学效果是比较明显的。

二、思想政治理论课翻转课堂教学模式的困境

思想政治理论课翻转课堂在理论的设计上是很不错的，但真正实施起来并取得成效却是没那么容易。它需要投入大量的时间、精力、人力和物力，同时还需要做好各种条件预设和制度规范。因此，思想政治理论课翻转课堂教学模式在推行过程中难免遭遇不同程度的困境。就目前的发展情况来看，其困境主要体现在两个方面：

一方面，支撑条件尚有待于加厚。思想政治理论课翻转课堂教学模式对教师的"备课"要求很高。这里的备课不是传统意义上地写教案，而是需要前期针对相关内容做好课程设计以及制作供学生线上学习的微视频，这一项工作的投入量将会大很多。而且微视频的剪辑、制作、审核、发布等一系列工作都需要有相应软硬件设施提供技术支持，这些设施的搭建源自学校的政策倾斜和资金支持，而且平台的维护也需要后续相当数量资金的投入。当前，思想政治教育受到前所未有的重视，发展形势很"热"。但一时之间观念难以扭转，"喊得好，做得少""喊得热闹，做得冷清""上头部署，下面应付"等现象依然存在，短时期内加大资金和人力投入难以办到。此外，"科研至上"仍是高校绩效考核、职位晋升的主流，高校教师对于教学的投入远远不及科研。因此，思想政治理论课真正实现"翻转"还需要摆脱困境，花上更长时间，付出更大努力。

　　另一方面，育人效果还需时间证明。思想政治教育肩负着立德树人的重要使命，关系到社会主义事业的建设者和接班人的培养问题，意义极为重大，不可轻易拿来"试水"。思想政治理论课是高校思想政治教育的主渠道和主阵地，其教学模式的改革创新一直以来受到国家的特别重视，在时代背景下，思想政治理论课既呼吁教学形式的创新，但又对如"翻转课堂"等类型的具有颠覆意义的教学方式保持"克制"。"创新"中有"不变"是一个根本方向，即"坚持立德树人、铸魂育人的根本使命，与习近平新时代中国特色社会主义思想三进入对标，切忌理论知识解构、碎片化，与提高学生的信息辨别力和选择力深入对接"①。做好这一点是必须的，但是有难度的。借助网络所进行的新型"翻转课堂"教学模式，在我国目前还处于探索阶段，尚有不足的地方，其教学效果有待进一步观察和总结，小范围"试点"可行，但大面积"推广"还需要慎重对待。此外，翻转课堂实质是将学习决定权"下放"给学生，教师作用一定程度上被淡化。如何既发挥教师的主导作用，对学生进行思想启

---

① 卓爱平：《高校思政课翻转课堂教学的若干思考》，《思想政治教育研究》，2018年第5期。

迪和价值引领，又能彰显学生的自主性，是一个难题。因此，在教学效果还不能完全确定的情况下，很多地区和高校对思想政治理论课翻转课堂教学模式的态度还是比较谨慎的。这限制了翻转课堂教学模式的进一步发展。

总的来看，由于翻转课堂对学校、教师、育人目标的达成都是考验，因此深入推进和全面推广并不顺利，少数实力雄厚的地区和高校在实践过程中取得了一定成功，但仍是小范围的，对于多数地区和高校来说，受学校自身条件和师资力量的限制，思想政治理论课通常采用大班教学，少则七八十，多则一百。规模之大，实现个体的互动交流难度是可想而知的，即便是小组讨论，也常常形式大于实际，纪律不易维持，效果更难保证。而且科研压力与学生互动交流和指导学习、制作教学资源等工作同时压在思政课教师们的肩头，精力不足是常有之事。要把翻转课堂教学模式更好地运用于思想政治理论课，还需要一系列物质支持和制度跟进。

三、思想政治理论课翻转课堂教学模式的实施路径

翻转课堂教学模式应用于思想政治理论课的时间并不长，尚处于探索和发展阶段。在部分高校的实践下，翻转课堂教学模式帮助学生提高了学习主动性，利用起了碎片化时间，课堂教学效果和学生的自主学习效果明显增强。此外，学生的学习能力、资料搜集能力、问题分析能力都有一定程度提高。翻转课堂教学模式的有用性得到证明，也积累了一些可资借鉴的经验。

高校思想政治理论课要推行翻转课堂教学模式，必须从思想认识上给予重视，从多个维度进行探索。无论何种教学模式，都离不开教师作用的发挥。同样地，在翻转课堂中教师的教学风格、人格

魅力和教学智慧是关键，没有教师主导作用的彰显，教学活动的顺利组织、有序推进和效果监管是很难实现的。当然，教学是一个系统性工程，在高校思想政治理论课中推行翻转课堂教学模式，单靠教师或者学生的力量是难以支撑的，需要协同合作、形成合力。在翻转课堂实施过程中，处理好多种联系、搞活多元要素、建立多维机制是十分必要且必须的。这就需要学校决策层不断淡化应试教育，大力提倡素质教育，对教学模式改革创新进行合理论证，建立弹性化的组织和管理机制。首先，围绕翻转课堂教学模式，思想政治理论课课程建设应坚持多样化原则。就课程建设主体而言，既要充分挖掘本校的师资潜力，也要礼聘相关领域专家进行指导，并参与到高质量教学视频及学习资料制作的第一线工作中，也可以引进优质线上课程丰富学生的课程选择。在开课模式方面，坚持把传统模式和创新模式结合起来，专家教授、知名学者开课是开课模式的主要选项，"老带新""大牛带青椒"的连带模式也是不错的模式，它可以为传统模式注入新鲜活力，使学生的个性化需求和多样性选择得到保障。其次，以政策倾向调动教师参与翻转课堂建设的积极性。翻转课堂建设工作量大，耗时耗力，不少教师认为这是"吃力不讨好的事情"，况且思想政治理论课教师教学任务普遍较重，科研压力也不小，时间和精力原本有限，"挤"出时间实在勉为其难。为激发、调动和鼓励教师进行翻转课堂教学模式改革，可尝试进行"有效奖励"。即绩效考核中建立鼓励政策，完善配套教学工作量计算、课程建设经费、教学质量考核和劳务报酬机制等。同时，在职称评定时也可以给予一定的政策倾斜，建立相应的关联机制。

　　营造一个良好的信息化教学环境对于教学模式的"整体升级"至关重要，因此学校的重视是思想政治理论课翻转课堂教学模式落地的首要前提，也是其能够持续发展，避免"雨过地皮湿"的有力保障。在实施翻转课堂教学模式过程中，环境的营造、平台的搭建、提升思政课教师开展翻转课堂教学模式的"热度"和"高度"都离不开学校这只强有力的"推手"。首先，在翻转课堂教学模式下，学生课前的自主学习需要有安全快捷的网络环境托底，学校应有针对性的加大校园网络建设，实现全覆盖。其次，学校应根据实施翻转课堂教学模式的需要，提供合适的环境和物质条件保障，为学生的课前自主学习扫清"条件障碍"。再次，学校要大力投入和支持网络学习平台建设，为师生互动交流开辟广阔通畅的"网络场地"。实施翻转课堂教学模式，学生在课前自主学习的过程中遇到需要解答的问题，可以及时在网络学习平台上寻求帮助，教师也可以通过网络教学平台掌握学生课前自学情况，在课堂上才能给予有针对性的指导。最后，学校应加大教师培养力度，提供系统培训机会，组织教师参加多种培训活动，帮助教师掌握现代信息技术，如学校可以聘请该领域中的专家学者到校开设讲座，也可以组织学科带头人或青年教师到兄弟院校实地学习和观摩，从而帮助思政课教师学到真本领，掌握真技巧，提高实施翻转课堂教学的能力。

"打铁还需自身硬"，教师应树立创新意识，紧跟时代发展潮流，增强本领，跳出"本领恐慌"。高校思想政治理论课实施翻转课堂教学模式，对思政课教师的专业技术素养有较高的要求，"需要教师具备一定的信息素养和信息化教学设计能力"[①]。一方面教师要转变观念。课堂中心思想应由传统课堂教学模式下以教师为中心的"以教

---

① 陈凤燕：《"翻转课堂"：信息技术与教育的深度融合》，《教育评论》，2014 年第 6 期。

定学"向以学生为中心的"以学定教"进行转变。教师应意识到自身角色的变化，认识到高校思想政治理论课不应再是"满堂灌"的机械教学，而是学生的自主学习。在翻转课堂教学模式下，教师应扮演好自己的角色，逐步从主角向导演进行转变，在新课程改革的教学理念指导下不断提升自己各方面的能力。另一方面教师要强化本领。学生课前的学习资料不论是简短的微视频还是教学平台上学生需完成的进阶作业，都要求教师提前准备，下好"先手棋"。就这一点来说，与传统课堂教学模式下教师依靠课本和教参进行的有限备课截然不同的。这就需要教师不断适应现代化信息技术，有效利用互联网资源，学会使用教学平台，学会筛选截取或录制出生动活泼、情感丰富的微视频，学会把视频上传至教学平台及会做一些教学平台的日常管理。制作生动活泼、深入浅出、富有吸引力的微视频是学生课前进行自主学习的必备条件；利用新媒体技术组织教学活动、提高师生交流互动效率是工作推进的重点。这些本领都需要思政课教师定下心来踏踏实实学懂活用。

　　科学的考核评价机制是思想政治理论课翻转课堂教学模式行稳致远的重要一招。考核评价是导向，怎样进行考核评价，以什么样的标准进行考核评价都有着重要影响。在翻转课堂教学模式下，教学考核评价模式需根据学情因人而异。当前，翻转课堂教学模式不仅关注学生对所学知识的掌握程度，且更看重学生课前课堂表现，强调对学生进行综合性评价，因此评价方式必须由传统课堂教学模式下的单一评价向多维度的科学评价转变。对学生进行多角度评价，能使学生感受到来自教师的关爱，进而形成正向激励作用。在评价方式上，把过程性评价和结果性评价结合起来，过程性评价顾名思义要贯穿于整个教学过程，在教学过程中抓住细节、抓住重点即时评价。过程性评价既可以全面掌握学生的成长过程，又可以即时了解学习实况，并由此进行教学方式、教学内容等的调整，把问题解决在"过程"中。在评价过程上，小组协作、游戏、情景表演、辩论赛、成果展示等方式都可以被穿插和灵活运用到课堂中来。结果性评价侧重对学生认知能力的评价，主要衡量学生的知识掌握程度。把过程性评价和结果性评价结合起来在理论上和实践上都是可行且理应有效的。总之，建立科学的考核评价机制的方向是正确的，它注重对学生进行全方位的评价，能够发挥翻转课堂教学模式的优势，从而提振教学实效性。

第二节　对分课堂教学模式

对分课堂教学模式以建构主义学习理论、心理学、认识学等丰厚知识为理论沃土，并扎根于中国本土的教育教学实际，是当代教学手段革新的优秀代表，是混合式教学的重要组成部分。对分课堂教学模式适应了当前教学模式改革的需要和趋势，代表了个性化教学方向的前沿，是适合中国教育现实，本土特色鲜明的课堂。它传承了传统教学智慧，其先教后学的理念具有突出的实践适用性，能够充分调动学生的学习积极性。对分课堂教学模式以新型的师生关系、时间对分与空间对分为表现形式，其中的课堂讨论环节使讲授法与讨论法两者长短互补，有效保障了学生的主体地位，提升了教学效果。通过教学实践，对分课堂教学模式理念深刻、简明易用，变被动学习为主动学习，全面培养学生批判性思维、创造性思维、沟通能力、合作能力的4C核心素养，已经被证明是易于操作且行之有效的新型课堂教学模式。

一、对分课堂教学模式的解读

对分课堂教学模式的概念最早是在 2014 年由复旦大学张学新教授提出的。张学新教授针对中国高校普遍存在的教学效率不高的问题，进行了大量的调查研究和理论分析，提出了对分课堂教学模式。2015 年起，对分课堂理念被广泛应用于大中小学各个学段，涵盖学科范围广，涉及科研领域多，使得对分课堂的相关研究一度成为热门内容。其中以张学新教授的《对分课堂：中国教育的新智慧》一书为权威。张学新教授在书中从较全面的理论层次进行分析，将讨论法与讲授法进行综合运用，系统贯彻四大学习理论和三大教学理论，重新审视教学过程中的师生关系，实现了对传统教学的实质性变革。该书系统阐述了对分课堂这一教学模式概念产生的理论依据、主要特点、操作流程、以及相关教育心理学理论原理与建构主义理论分析。2020 年 1 月，张学新教授在《核心素养下的新课堂》中进一步着重强调："对分课堂背靠的理论体系还应从脑科学、心理学、学习科学等新型教育理论体系角度出发进行深入研究。"① 这一提法为对分课堂理论的发展提供了全新方向。

对分课堂教学模式的核心理念是"对分"，即把课堂分成两半，一半供教师使用，一半供学生们进行交互式学习。也就是说"分配一半课堂时间给教师讲授，另一半给学生讨论，并把讲授和讨论时间错开，使学生在课后有一周时间自主安排学习，进行个性化的内

---

① 张学新：《核心素养下的新课堂》，《中国教师报》，2020 年 1 月 22 日第 5 版。

化吸收"①。对分课堂教学模式下的课堂教学由讲授、内化和讨论三个环节构成，其中的精华是课堂讨论。课堂讨论能够帮助学生解决低层次问题，凝练高层次问题，增强学生对所学知识的理解。与讲述法的被动学习不同，对分法需要全员全程的主动参与。课堂讨论不需要高潮，平和才能持久。课堂安排了多长时间，就用多长时间，靠增加自身吸引力来使学生加倍投入这门课程的老师是失败的，因为这种方法是不可持续的，而做好讨论过程的核心即是做好作业，让学生围绕上课内容进行思考，再根据这些作业将讨论建立起来，最终形成一个良好的对分课堂。

对分课堂的三个环节彼此联系，环环相扣，遵循科学的先后顺序。对分课堂教学的基本结构应该是：首先，教师将对分课堂理念向学生阐释清楚，确保每一个学生都能理解课堂组织体系，把握现在要干什么、接下来要干什么、做这件事要达成什么目标。教师在授课环节所讲授的内容应是课程的大纲或主干，不要面面俱到，更不能把所有知识点都讲完了，要在适当时候抛出恰到好处的问题。其次，在内化环节，学生要发挥"主人翁"意识，带着教师提出的问题，按照教师的引导搜集资料，资料搜集工作力求焦点集中、针对性强，从而更好地实现自主内化吸收。最后，在讨论环节，教师要采用小组讨论的方式组织学生进行讨论。这一种讨论模式被称为"亮考帮"。"亮考帮"包含三个部分：学生学习总结之后感受最深、受益最大的内容称为"亮闪闪"；自己弄懂了，但是认为别人存在困惑以问题的形式提出称为"考考你"；把自己感到疑惑的地方以问题

---

① 张学新：《对分课堂：大学课堂教学改革的新探索》，《复旦教育论坛》，2014年第5期。

的方式向同学们提出来称之为"帮帮我"。

　　总结起来，对分课堂是一个实现输入到内化，由内化再到输出的整体化学习过程。教师和学生都实现了从传统课堂向新课堂的跨越。传统课堂中老师设计精美的 PPT 和不断抛出的大量的烦琐问题，其实不过是一个编辑的过程，效率很低，对于学生的学习帮助不大。在对分课堂中，教师更加准确地把握课堂内容的核心，化繁为简，实现有效输出，避免了填鸭式问题。值得一提的是，作业不再依据简单的对错进行批改打分，而是根据学生的态度和创新程度综合量分。通过这种方式，教师批改作业相对轻松，学生也可以更加自主的、更加积极的去完成学习。在对分课堂教学模式下，学生积极性的激发不再是依靠教师的奖赏、组际或组内竞争，而是产生于每个学生自我努力的全过程。在张学新教授看来，"对分课堂"是不漏水的课堂，因为它把每个洞都补住了。它在尊重学生自主性的同时，为每个学生提供了充足的准备时间和内化吸收时间，从而达到更好的学习效果。

二、高校思想政治理论课实施对分课堂教学模式的基本条件

　　高校思想政治理论课实施对分课堂教学模式需要一定的条件作为支撑，这些条件是前提和准备，前提扎实、基础充分则教学才有实施的可能性；缺少了这些条件，对分课堂教学模式在高校思想政治理论课中的推行就会受阻。这些条件归纳起来有两个：一是要重新定位教师与学生的关系，对于传统课堂教学中师生角色和时间空间分配比进行基于新的教学模式的审视，这是对分课堂教学模式开展的逻辑起点；二是要在教学方法上进行预设和甄别，做好课前的设计、课中的调整和课后的反思，要在综合使用讲授法、讨论法的

过程中发挥其各自优势，并辅之以多媒体教学手段、典型案例教学法等。

（一）合理定位师生关系

高校思想政治理论课实施对分课堂教学模式的第一个基本条件是合理定位师生关系。高校思想政治理论课传统教学模式中教师是绝对的主导，拥有绝对的权威。学生是被动倾听者和被动接受者，居于从属地位。对分课堂教学模式中，这种主—从关系是没有"市场"的，必须进行调整。但这里的"调整"区别于翻转课堂的"翻转"，它并没有也不需要过分强调教师和学生关系的"颠倒"，而是在突出教师主导的同时减弱权威的绝对性，在保持良好课堂秩序的情况下彰显学生的主体性。对分课堂中的师生关系以平等为基本诉求，以和谐师生关系的动态平衡为实现目标。这样的师生关系一定是有利于增强师生、生生互动，有利于激发学生间交流学习兴趣的。

任何一种教学模式的核心问题一定都是师生的关系问题，具体来说就是教师和学生分别扮演着什么样的角色，教师和学生实现怎样的交流互动。"权威性压制"的传统教学模式阻碍了师生交流效果的提高。对分课堂教学模式充分尊重学生的主体地位，但又不会过分淡化教师的主导地位，师生之间是一种真正意义上的教师主导、学生主体的良性关系。在这种师生良性关系中，思想政治理论课教师在整个课堂活动中充当教学环节的组织者和知识的传授者、讨论环节的指导者和过程的倾听者、评价环节的总结者和升华者。在不同的环节，教师担任不同的角色，完成不同的任务，且根据环节的转变灵活调动。

在对分课堂教学模式中，教师是教学内容有限的讲授者。对分课堂突出学生主体地位，但保留了教师讲授环节，教师讲授是对分课堂教学模式的开端。教师对于课程内容只需要讲清楚框架重难点，即提纲挈领、精练精讲，注重对学生进行思维引导和问题布置。教师在讲授环节不仅要注重专业知识的精准度，抓准课程的精要之处，还要了解学生特点和个体差异水平，设置的问题有梯度但不过度。在这一环节，教师对于知识内容不能不讲，不能全讲，还要有所讲，有所不讲，"要精讲课程的基本概念、原理和体系结构，细节部分留给学生自主学习，学生课后进行个性化的吸收"①。知识框架的建立要给学生填充的空间，这个框架要具有真实性和科学性，确保学生的自由发挥有据可依。作为讨论环节的指导者，教师应把握好"尺度"。内化吸收环节是学生完全自主的环节，这里的自主是以教师的知识指导和问题布置为前提。也就是说，讨论环节看起来与教师毫无关联，实际上离不开教师的作用的发挥。教师的指导地位并未发生改变，只是从面对面交流转变到点评环节中。教师的讨论过程组织者的角色更重要体现在过程管理上。鉴于讨论过程中存在着各种各样的不确定因素，教师的过程管理和进度调控意义重大。避免出现无效讨论和偏题跑题的情况，教师还要学会倾听，并适时进行阶段性评价，维护好各小组之间的合作氛围，形成良性循环。

在对分课堂的各个环节，教师的角色不断调整，学生的角色也根据具体情况相应变化。在讲授环节，学生既要接触大量信息，又要进行归纳、吸收和外化。对分课堂教学模式下的教学是没有预习的，思想政治理论课教师讲授内容框架和大纲知识，学生在此基础

---

① 金小方：《关于分课堂对高校思政课教师能力的要求研究》，《湖北经济学院学报》（人文社会科学版），2020 年第 12 期。

上进行归纳、总结、理解，明确教师传递出的内容信息，并由此构建自己的知识轮廓，为内化吸收做好铺垫。在内化吸收环节，学生通过综合教师讲授的要点、自我查阅的资料以及所受到的社会环境的影响，会对目标内容产生由内而外的自我理解，这一自我理解过程是一个动态过程，不断深入和反馈，直到独立完成对知识和问题的内化吸收。在讨论环节，学生处于主体地位，有充分自由，可将自己总结的知识以小组讨论模式与组员交流。在这个环节中，学生始终扮演着知识交流者角色。每一个独立的"交流者"通过思想碰撞，拓宽了理解更为复杂深入概念的思维路径和视野，从而对自己已有的知识建构模式进行删补。总之，在讨论环节，学生始终以独立的主体和协作的交流者身份推动课堂教学进程。

（二）有效选择教学方法

教学方法创新是教育改革的一个重大方向和重要内容，以往的教学方法创新大都是聚焦于某一种教学方法，与此相比，对分课堂教学模式具有前所未有的优势。对分课堂教学模式不是以一种单纯的教学方法组织课堂，而是以多种教学方法交替使用共同推进课堂教学进程。最典型的教学方法就是讲授法、讨论法、多媒体教学法。因此，对分课堂教学模式的改革创新，是讲授法、讨论法和多媒体教学法的综合创新，是融合了多种经过"改造"的教学方法的创新。对分课堂教学模式的一个突出优点是灵活变换教学方法，并取它之长补我之短，致力于教学方法的优势互补。实现好教学方法的高位引流，有效选择可行、可靠的教学方法，这是实施对分课堂教学模式的一个基本前提。

讲授法是传统的教学方法，是自有教育以来就被采用的最经典的知识传授法。经过历史的检验和实践的证明，讲授法是行之有效的，其重要性不言而喻。无论进行教学模式上的何种变革，讲授法都不应该也不会被完全抛弃，一定程度上说，抛弃传统讲授法是危险的做法。因此，高校思想政治理论课教学首选的教学方法必然是教师的讲授法，它有着不可替代的优势，只要学生在课堂上认真听讲，就可以通过语言、声音的传递接收到系统、科学的知识，获得大量的间接经验。对分课堂教学模式从不低估讲授法的价值。当然，值得注意的是，"讲授式教学获得好效果的前提在于教师传授的内容深入系统、丰富新颖"①，当网络和教科书提供的知识在这些方面远远超过一般教师时，课堂讲授的吸引力就会大大降低，成为学生学习的鸡肋。这就要求教师在讲授法上下一番"转变"功夫。在坚持讲授法同时，对讲授法进行"改头换面"，闯好质量关，这是决定对分课堂是否成功的必要前提。

讲授法如果超出了学生实际需要的范畴，就会造成浪费甚至适得其反。因为这种方式较难激发学生的学习自主性，学生总体上只能被动接收知识，自我探索和自主思考的空间比较狭小，接受效果的个体差异性很大。并且长时间的课堂讲授会让学生和教师都很疲惫，效率在达到顶点后会直线下降。如果在经过一定讲授后，"把简单、枯燥、单调、不适合讲解的内容留给学生自己阅读"②，效果就可能会出现"反转"，因此讨论式教学的积极介入是必要的。讨论式教学是仅次于讲授式教学的第二种教学手段，有着较为悠久的历史

---

① 张学新：《对分课堂：大学课堂教学改革的新探索》，《复旦教育论坛》，2014 年第 5 期。
② 张学新：《对分课堂：中国教育的新智慧》，北京：科学出版社 2016 年版，第 52 页。

和较为明显的优势，能够激发学生自主学习、主动思考的积极性和内驱力，培养学生独立思考和自主思维能力。但以往的讨论式教学多有"形式大于内容"的问题，所被安排的时间十分有限，配套措施也跟不上，导致学生挖掘知识内容的深度和广度都不够，当然，课堂教学如果过度放任自由，学生又会没有方向感。此外，需要格外注意的是，"讨论式教学通过课堂讨论引发学生主动学习的动力，提升学习积极性，方向是正确的。然而课堂大部分时间用于讨论，讲授过少，不能充分发挥教师价值"①。做好讨论法前期设计工作是十分必要的，缺少了这一个基本条件，对分课堂教学模式的实施也将难以持久。

三、对分课堂教学模式应用于高校思想政治理论课的实施方法

对分课堂教学模式应用于高校思想政治理论课中，需要从对分课堂的三个环节入手，细织密织每一个环节的工作网，确保在讲授环节所讲授内容直击核心，使学生"听"到重点；确保在内化吸收环节合理介入，使学生"思"而有道；确保在讨论环节科学指导，使学生"化"为己用。达到这些效果，需要把思想政治理论课课堂教学做细做实。对分课堂教学模式看似减轻了教师的"负担"，实际上是把"负担"升级，对教师的能力要求更高了。这就需要每一位高校思想政治理论课教师提高意识、增强本领。

（一）讲授内容直击核心，使学生"听"到重点

思想政治理论课具有特殊性，理论性强、知识点多、趣味性弱，

---

① 张学新：《对分课堂：大学课堂教学改革的新探索》，《复旦教育论坛》，2014 年第 5 期。

对教师的讲授艺术是一个考验。教师切忌知识内容的一股脑倾倒而出。如果讲授法在课堂教学中"一根杆子打到底",容易产生疲倦感。因此,教师既要抓好讲授法的精髓,有所讲有所不讲,还要注重培养学生"听"的能力和习惯。学生掌握自主学习能力、培养良好"听课"习惯,对于提升学习效果有着重要作用。在思想政治理论课的讲授环节,教师要确保学生一下子就能听到重点,从而为下一个环节的展开铺好路。

对分课堂教学模式与传统教学模式一样,同样注重讲授法,但对分课堂教学模式下的讲授要求直击核心,牢抓重点,讲清思路和框架,最忌拖沓冗长。比如在讲授马克思主义基本原理概论课的导论部分时,教师只需要把此次课的逻辑思路即"什么是马克思主义""马克思主义的当代价值""马克思主义的创立和发展历程""马克思主义的鲜明特征"及"如何学习和运用马克思主义"等重难点呈现给学生。又比如在讲授中国近现代史纲要课的第六章内容时,教师只需要把"日本侵略中国的计划及其实施""国民党在正面战场的前后表现""为什么说中国共产党是抗日战争的中流砥柱""抗日战争胜利的原因及其意义"的条条框框传递给学生即可。剩下的内容交给吸收内化环节去处理。

有不少学习态度认真的大学生喜欢在课堂跟着老师讲授的节奏记笔记,"好记性不如烂笔头",这种学习方法固然可取,但要发挥好其效果,需要师生双方的配合。学生为了尽可能多地掌握教师讲授的知识,在记笔记上花了大量精力,反而耽误了听课,在后期的复习中忘了自己所记下的内容真正的内涵是什么,导致较大的教学误差;而只顾着听课的学生很可能因为"课堂记课后忘",学习效果总体也不佳。在这种情况下,教师的讲授会大打折扣。因此,在对分课堂教学模式下，教师一定要引导学生学会听课，把教"方法"作为讲授环节的一个重点，比如可通过案例和材料分析，给学生进行示范，教学生自我学习的方法，帮助学生掌握分析问题的思路和解决问题的方法。提高学生自主性学习的能力，切实把自主性学习落到实处。

（二）合理介入内化吸收环节，使学生"思"而有道

按照对分课堂教学模式，内化吸收环节由学生独立完成，但由于学生知识储备和学习能力有限，独立学习很有可能出现散漫、低效问题，"如果按学生的思路展开，极易偏离教学内容，影响学习的系统性"①。张学新教授对学生自主内化吸收可能存在的问题做过一个形象的比喻，教师在讲授部分就好像有间隔地挖洞，学生挖了一段就接通了一个洞，再挖一段又接通了一个，最后比较顺利的贯穿了整个隧道。学生的内化吸收就是打洞的过程，但如果没有教师提前挖好的有间隔的洞，学生自己不一定会挖到哪里去了。这个比喻真实反映了问题所在，为教师在学生内化吸收环节的合理介入提出了现实要求。

确保学生"思"而有道，需要教师做好规划和引导。内化吸收强调的是学生的自主学习，"要求学生自主阅读教材，理解、内化和吸收教材和教师讲授的内容"②。由于每次课所学习的内容通常是一章中的一半及以上内容，内容量大，而在当堂对分模式下，学生自

---

① 张学新：《对分课堂：大学课堂教学改革的新探索》，《复旦教育论坛》，2014年第5期。
② 马陆艳、朱白薇：《对分课堂教学模式在思想政治理论课中的运用》，《大学教育》，2021年第1期。

主学习的时间只有 15 分钟，有限的时间里所能自主学习的内容是有限的。为了让学生在有限的时间里集中精力完成自主学习任务，可让学生自由选择本次课所讲授内容中的 1 个或 2 个内容进行学习。学生在自主学习的基础上做读书笔记，读书笔记的形式自定，也可按照教师的建议运用思维导图等形式对所学内容进行梳理。即便是以自定形式做读书笔记，教师也需要为学生"画道"。当然，为了给学生更多的"思"的时间，教师可以尝试隔堂对分①，使讲授之后的独立学习和独立做作业在教师的统一规划下更富时间弹性。

（三）科学指导讨论环节，使学生"化"为己用

讨论环节是学生对前期所学内容内化吸收之后的反馈阶段，这一阶段在对分课堂教学模式中有着至关重要的地位。讨论环节也即是"亮考帮"，是学生们最终学会知识的"主场"。"亮闪闪"是学生找出并写出本次课所学习内容中最有收获的知识点；"考考你"是学生掌握的比较透彻的知识点并准备考考小组其他成员；"帮帮我"是学生自己无法解答的问题。"亮闪闪""考考你""帮帮我"共同构成讨论环节的系统。在这些工作中，教师不是旁观者，而是组织者和倾听者，应发挥出科学指导的作用。科学指导的重点是引导学生输出自己对知识内容内化的成果，以及引导学生将这些知识内容"化"为己用，在讨论环节有效进行沟通。讨论不是无意义的争辩，

---

① 隔堂对分教学模式，具体来说是指假如某门课程每周 1 次课，则第 1 节教师讲授课程概论、对分课堂模式、考核方式，第 2 节教师讲授第一章的绪论，学生课后自主学习教师讲过的内容，并完成读书笔记和作业。第 2 次课第 1 节学生分组讨论作业内容，教师抽查部分小组的某个同学，分享讨论内容、形成的观点及未能解决的问题，而后由教师进行总结。第 2 节教师讲授新的授课内容，以此类推。

更不是"排排坐，吃果果"，而是要主题明确、切入要害，这离不开教师的科学指导。

　　教师可将讨论环节分解成小组讨论和全班讨论两个有先后衔接顺序的过程，"小组讨论的核心是共析疑难、互相帮助，疑难问题先由小组解决，如若无法解决，再通过全班交流或教师答疑解决。这是一个发现问题和解决问题的过程"①。在小组讨论中，学生按照自由结合的原则，每3—4人组成为一组，并形成定例，轻易不作更改，每次上课时，小组成员坐到一起以便于开展讨论。在教师的部署下，小组成员先后阐述自己的"亮闪闪""考考你"和"帮帮我"，相互阐释，相互启发，相互解答问题，营造热烈的交流学习氛围。在全班交流流程，教师首先是随机抽点提问。可随机抽取3—4名学生，请该学生代表本小组阐述讨论重点、已形成的有效成果和未解决的问题。不同的问题要不同对待，比如对于有代表性的问题，教师可先启发其他学生回答，如果学生们回答不了或没有令人满意的答案，教师再回答。如果其他学生回答了一部分但尚有留存空间，教师可以加以补充丰富。然后，教师组织自由提问。请想向教师和同学提问的学生自由提出问题，教师和其他学生合作解答。最后，教师做简要总结。在整个环节中，教师的指导贯穿始终、恰如其分。

　　总的来说，从内化吸收到讨论交流是每一个学生进行自我展示，实现内化到外化的过程，这一个过程的顺利推进对于学生来说其实是不容易的，很可能存在观点跑偏、执于一念等问题，导致讨论环

---

① 邹慧，黄河：《高校思政课对分课堂教学模式探赜》，《学校党建与思想教育》，2021年第4期。

节归于无效。在这个时候，教师的指导显得十分重要。当有效的讨论进行到一定程度时，大部分学生会就一些观点形成认同，教师要抓住时机做好评价性工作和经验总结工作，这一项工作完成的好，既可以给学生明确的观点判断，也能够为学生做好示范，为学生"化"知识内容能力的提升打好基础。此外，学生在这时也会进行自我总结，无论是被赞同的观点还是被质疑的观点，学生都会在"观点呈现"中通过思考自己讨论的过程来判断自己是否将内化吸收的观点和经验表达到位。由此就从根本上、系统上保障了学生对知识内容的"化"为己用。

综之，对分课堂教学模式能够增强学生的学习主动性、促进学生的角色转型、增加师生的互动交流、提升考评精准度，从而提升思想政治理论课的教学效果。对分课堂的出发点是调动学生积极性，让学生主动参与，教师让出部分课堂时间交给学生掌控，打造师生"对分"课堂的格局。教学模式的创新，必然会引发学习方式的改变和考核方式的调整。对分课堂增加平时考核，把学习分散到整个学期，体现了过程性评价。对分课堂用达标式考核让低要求学生能够保底通过，以开放性考核给高要求者展示优异的空间，更好地适应了学生不同的学习需求。总的来说，"对分课堂注重教学流程的改革，无需大量投入，是一种经济、实用的教学改革"①，对于高校思想政治理论课混合式教学改革具有充沛的借鉴价值。当然，对分课堂教学模式应用于高校思想政治理论课还需要考虑技术平台、学习群体、教师群体、社会大环境等诸多因素，在实践中探索，在探索

---

① 张学新：《对分课堂：大学课堂教学改革的新探索》，《复旦教育论坛》，2014 年第 5 期。

中完善还有一段路要走。

第三节　创客教学模式

　　数字设计技术、Arduino 开源软硬件创新平台及快速成型技术的发展为创客运动插上了兴起的科技双翼，创客运动是由个体或群体合作利用周边材料、计算机相关设备制造和使用原创性产品的运动。随着创客运动的不断进步，其与教育领域结合，催生出了创客教育。创客教育是一种建立在创客运动基础之上的以培养学生创新能力为核心目标的新型教育形态。"创客"一词由英文单词"Maker"意译而来，可以理解为将自己的想法与创意变为现实的人，"创客可以是学生、教师、家长或其他人员，只要拥有相同兴趣且共同致力于创客活动的人都称为创客"[1]。创客教育注重培养学习者的创新意识和动手创造的能力，让学习者在实际操作中进行学习、培养创作积极性、增强协作分享意识。创客教育是一种培养学习者创客素养的教学模式，也是培养众人具备创客精神的一种教育理念。创客教学模式的发展为高校思想政治理论课教学改革提供了一个崭新的思路和活跃的生长点。

一、创客教学模式理念的解读

　　创客，从狭义上说是指酷爱科技创新、热衷创新实践的一群人；

---

[1]　王同聚：《基于创客教育理念的"智创空间"实践研究》，《中国教育信息化》，2016 年第 10 期。

从广义上说，凡是有创新意识并勇于将自己的创意和想法变成现实的人都可以被称为创客。所以，从根本方向上看，创客代表着的就是创新、实践。从这个角度说，创客教育就是培养创新人才和实践人才。创客运动传入我国已有十余年，形成了中国特色的创客文化。我国的创客文化与外国的存在一定差异，主要表现在更加注重专业实践、更加强调兴趣和自我实现、更加突出协作共享。由此也造就了我国创客教育理念的本土特色。

重学生实践能力培养。创客教学模式给学生充分选择的空间和权利，使他们可以完全根据自己的兴趣做出课程选择。创客教学与学生们的升学或考试成绩无直接关系，不是为了学生的考试而存在，只是为给学生们提供一个轻松愉快的学习氛围和具有一定技术设备与活动空间可供操作的场所。它让学生们在与学习伙伴的协同下进行知识的融合、工具的选择以及作品的展示与分享。创客教学模式主张"在做中学"，学生们在动手操作的过程中学会知识在实际生活中的应用。在创客教学模式下，学生完全是创造的主体、实践的主体，教师的身份更多的是一个创造的辅助者和实践的引导者。

重科技素养培育。信息技术作为创客活动的赋能者，为创客教学模式的实施和深推注入了强大活力。在信息技术的支持下，创意变成新奇实用的产品有了可能性和现实性。创客教学模式以现代科技为基石，其逻辑出发点和落脚点都在于培养学习者的创新能力、实践能力和技术素养。目前，创客教学模式的实施载体主要有创客兴趣小组、以信息技术与实践课程为基础的项目学习、多学科联合的基于体验的学习。这些载体无一例外是把"科技素养"和"实践能力"作为两个支撑，注重学生的实践、合作与分享，注重与新兴科技手段的融合。创客教学模式鼓励学生养成科技素养和运用科学技术的能力，积极参与实践学习，在实践中学会知识以及提出创造性的意见，并能够创造性运用所学知识与技能进一步改造实践，在这样一个过程中，不断提高科技素养和创造意识，成为一个真正的时代"创客"。

重协作共享能力锻炼。我国长期以来实行知识的分科学习，各学科的独立发展和知识学习的人为割裂致使学生知识迁移能力的提高受限，很多学生理论功底较好，但动手操作能力较差；自我学习的意识强，与他人讨论、交流、共享的意识弱。这一问题的存在和迁延，势必会阻滞学生创新能力和创造能力的培养。创客教学模式具有格外强调学生之间协作、交流、共享的优势，且在学习中融入新兴技术手段，对于发展学生的知识整合能力、难题处理能力和协作共享能力提供了前所未有的机会。创客教学模式着意于学生知识的融会贯通、思维的拓展、学科知识综合运用，打破了学科间的壁垒，强化了不同知识的整合。此外，通过项目式学习等方式，创客教学模式达到了增强学生协作学习能力、构建良好人际关系、生生共同发展的目标。

重创客文化社会生态建构。创客教学模式依靠网络和科学技术的极大优势，为学生们提供创新能力、发散思维、创客素养培养的空间。把技术和非技术手段实践创意有机结合起来是创客教学模式设计的理念。要把这一理念从纸上搬到现实中来，需要建构创客文化社会生态。对于教师而言，教师需要做一个创客型教师，善于动脑创新和动手创造，有先进的创客思维，重视学生的思维训练，提升创新创造能力。对于全社会而言，要致力于构建起学校、政府与企业三位一体的协同发展机制，为创新人才培养扫清障碍。创客文化社会生态的建构将为创客教学育人目标的实现奠定扎实可靠的基础。

二、创客教学模式的实施要旨

创客教学模式在我国已经得到实施，并且发展势头良好。在同济大学艺术与传播学院，大一新生一入校就有开源硬件与编程等课程，使学生们从一开始就消除对技术的畏惧感，并在有趣的学习中，了解技术将给他们日后的创作带来什么可能性。清华大学、深圳大学等高校的学生自发地建立了各种形式的"创客空间"。2013 年 11 月，中国发明协会主办了首届"中华创客大赛"。2013 年 11 月 4 日，清华大学启动创客驻校计划，计划每年聘请国内外知名创客进驻学校创客空间，鼓励学生主动参与创新实践，提升跨学科的技术与创意交流。2014 年 6 月，清华大学举办了"创客教育论坛"。2014 年 7 月，中国留学服务中心等单位又联合举办了"中美青年创客大赛"。2015 年 3 月，有关部门还在北京西城区育翔小学开展有关创客教育的公益活动。① 西南交通大学"创客空间"，建成一个为学生的兴趣爱好服务的科创中心，他们经常组织分享会、工作坊、挑战赛、创客集市等活动，并通过一些公开课开展创客技能的培养。国内比较知名的创客空间如雨后春笋，如蘑菇云创客空间，柴火空间等。

经过近十年的创客教育实践，创客教学模式基本形成了系统性思路。创客教学模式一般是学生为主，教师为辅。教师以复杂的项目研究形式为学生创设任务，所创设的任务必须具有挑战性。然后，学生通过不断的探究，创造出主题鲜明、具有创意的有形学习制品，进而在一个互动的环境中学习工程知识和技能、培养创新创造思维。

---

① 何克抗：《论创客教育与创新教育》，《教育研究》，2016 年第 4 期。

在此过程中，教师扮演着引导者的角色，学生充分发挥主观能动性和自我创新，在课堂上大胆提出自己的想法和创意。这些想法和创意要主动在课堂中进行展示、协作，"在协作学习环境中学习有助于提升学习者沟通交流能力、演讲能力以及问题解决能力"①，每一个学生所遇到的难题都可以通过与同学的协作进行解决。

创客教育课堂教学模式一般采用情景式教学，强调"在做中学"，格外突出学生在课堂教学过程中的"做"，也就是让学生边做边学，将教学过程转化成"全面去做"的过程，而不仅仅是知识的传授和掌握。对学生进行创客教育不仅仅是为了将创新理念、创新精神输入到学生头脑中，更重要的是教会学生和保障学生把创新理念、创新精神付诸到实践中。创客教学课堂氛围良好，互动性高，活跃性强，老师能够在教学过程中及时了解学生真实情况并做出有效反馈。在创客教学课堂上，教师还可以在适当的时候把生动形象的比喻运用到教学的各个环节，使教学内容和生活实际联系起来，促进课堂教学的"实"化。

总之，创客教学模式侧重于对学生创新意识、创造能力和团体协作能力的培养，最终目的就是为了促进实践作品的完成。高校思想政治理论课创客教学模式需要把握好创客教学模式的要旨，结合思想政治理论课课程情况和课堂实际具体实施。

三、创客教学模式应用于高校思想政治理论课的路径

高校思想政治理论课存在着内容乏味、形式单一、实践教学不

---

① 朱龙，胡小勇：《面向创客教育的设计型学习研究：模式与案例》，《中国电化教育》，2016 年第 11 期。

足等问题，近些年的思想政治教育教学改革大体上都是围绕着这几个问题展开。创客教学模式极为关注学生的主观能动性发挥和创新意识、创造能力的培养，重视多学科知识的融合，重视对现代新兴信息技术的运用，与高校思想政治教育的育人宗旨十分契合。把创客教学模式用好用活用出成效，对于高校思想政治理论课的增量提质有着重要意义。具体来说，要向教学方式、空间创设、师资队伍、考核评价等几个方面聚焦。

（一）主抓"基于项目学习"方式

"基于项目学习"方式具有主动性、互动性和情境性，充分彰显了创客教育理念，有利于提升高校思想政治理论课的亲和力。"基于项目学习"方式把项目确定、资料收集、作品制作、成品展示整个过程都交给学生，学生能够根据自身的兴趣爱好展开学习。比如有的学生对中国近现代史纲要课程中"洋务运动"相关内容感兴趣，则可以在此主题下找一个切口，确定好项目，按照学习逻辑往下推进。每一个学生都有选择主题，确定项目的自主权。传统的学习方式突出学生之间的竞争关系，而"基于项目学习"方式则把学生之间的合作关系作为支点。对某个学习项目有共同兴趣的学生可以组成学习小组，小组成员之间进行分工、合作学习、讨论和协商。"基于项目学习"方式一个明显的优势是创设了具化的学习情境，学生在学习情境中能够灵活运用所学解决现实问题。比如说创设中英《南京条约》谈判历史情境，还原当时中英谈判的细节，使学生加深对帝国主义侵略性、对清政府的腐朽的认识。身临其境比教师的"苦口婆心"更易让学生理解知识。此外，"基于项目学习"方式强调多个学科之间的融通，为高校"课程思政"提供了新思路和新方法，有利于加深学生对知识的全面理解，也有利于促进对学生的情感启迪。

　　高校思想政治理论课教学采用"基于项目学习"，需要抓好流程细节和过程性管理。"基于项目学习"可分为准备阶段和实践阶段两块。就准备阶段的工作来说，第一，教师首先对本次课所讲授内容进行标注和整体展现，可以采用当堂的口头讲解或者微课视频的形式梳理课程内容、目标和要求，为学生勾勒出整体性框架，帮助学生"画好轮廓"。第二，教师围绕课程重难点或者具有争论的知识点圈定项目范围，学生结合个人兴趣在项目范围中选择具体项目。教师对项目的圈定要有质量，不能含糊了事。太简单的不可取，太难的也不适宜，它们都不能激发学生的项目参与热情。"创客教育尽管可以高端，但更重要的还要接地气。创客教育强调在项目和问题引领下，学生运用多学科知识创新性地解决真实问题。创客教育有别于单纯注重能力培养的教育，它不仅重视动手做，更注重以项目为导向实现跨学科学习。"① 简而言之，创客教育项目要可用且有效。即项目的圈定在保证学生够得着的前提下，还需要踮一踮脚尖。项目既要紧扣课程主题，还要与实际相联系，要体现出高校思想政治理论课的现实关怀。当然项目选定权也可交由学生，教师只需要根据情况加以指导，把一把方向即可。第三，项目选定后要制定相关计划，计划必然包括分解的内容、时间的安排、成员的分工。计划制定力求详细，越详细越好，越详细越便于项目的实际操作。

　　准备阶段的工作为实践阶段的铺开打下了基础，实践阶段是

---

　　① 刘文良：《当前高校创客教育的困惑与超越》，《现代远程教育研究》，2017年第5期。

"基于项目学习"方式的核心部分，好则行，不好则废。具体来说，第一，相关计划制定完成后，便开始进行项目实施，这是最关键的一步，直接关系到"基于项目学习"方式的成败。项目实施完全是学生的"主场时刻"。这一环节的进行可在课上，也可在课下，或者最好采用"课上＋课下"相结合方式。第二，经过前面一系列工作的铺垫，产品制作有了充分的基础。产品制作过程包含制作前、制作中和制作后三个环节。制作前，小组成员之间要进行研讨，得出最佳创意点，并提出成熟的产品构想和最终设计方案。在制作中，学生要积极充分利用所学知识和技能完善设计方案，在整个小组成员的协作和配合下一步步地完成制作。产品在初步成型后，学生要对产品进行检验及不断优化。比如在学习思想道德修养与法律基础课程中"爱国主义"的相关内容时，可通过制作以爱国主义人物事迹、祖国大好河山、身边的小人物大情怀为主题的微视频、海报、宣传册等文化产品，加深学生们对爱国主义基本内涵的理解、认同和践行。第三，产品制作成功后，各小组对本组的产品进行分享，其他小组进行点评、反思，教师最后进行总结和提炼，为以后的学习找准方向和方法。

（二）创设开展创客教学的有利空间

有利空间是高校思想政治理论课实施创客教学模式的重要平台，有了这样一个平台，教学实践才有了"阵地"。创客教学空间要突出三个特点，第一，共享性。教学空间是开放式的，是面向全体学生的，而不是针对几个人或者少数人的。要保证每一个学生都能以饱满的热情和极大的兴趣参与到思想政治理论课的课堂中来，确保学生中没有一个"局外人"。创客教学空间的共享性还体现在允许校际、域际联系，让各个兄弟院校共同探讨思想政治理论课相关知识，实现集智慧、共学习、同进步。第二，客观性。高校思想政治理论课创客教学空间的构建要遵照客观实际，空间的选址、规模、设施和资源配比都要依学校情况和思想政治理论课的需要而定，既要满足需求，又要恰到好处。第三，安全性。创客教学空间是师生开展教学活动的重要场域，要把安全第一记在心间，无论是设备的选择还是物品的摆放，都要考虑安全首位。

随着高校思想政治教育内涵的提升和创新方式的推进，线下创客教学空间越来越不能满足思想政治理论课的教学需要，建设线上线下虚实两相结合的思想政治理论课线上创客教学空间成为必然。"创客课程从设计、实施到构建与分享都离不开网络资源，丰富化、立体化网络资源可以帮助学习者在开展创造活动时获得更多支撑。"① 思想政治理论课线上创客教学空间能及时更新和筛选信息，为学生提供学习资源、拓宽学习平台，为学生的自主学习和有效探究打开一个"新世界"。在线上创客教学空间里，学生完全能够根据课程要求和自身情况进行选择性学习。教师也可以丰富案例库和试题库，为学生提供更多开放性、多学科融合的学习资源，引导学生探究、思考、创新、分享，培养学生的思想政治素养和科学素养。思想政治理论课线上创客教学空间为师生、生生的讨论交流和研究成果共享开辟了新通道，学生间的合作有了新的快捷的方式，教师的指导和总结也更为方便，弥补了线下创客教学空间资源不足问题。学生还可通过线上创客教学空间整合学习资源，线下创客教学空间实际操作，实现线上创客教学空间和线下创客教学空间优势互补，

---

① 万超等：《创客课程开发模型设计及实践》，《开放教育研究》，2017 年第 3 期。

从而提高思想政治理论课的教学成效。需要注意的是，创客教学空间的布局紧扣思想政治理论课的课程要求和课堂特点，合理为上，内容为王。

管理是有效开展和持续生效的必要环节。高校思想政治理论课创客教学空间作用的发挥，离不开科学的管理，应制定切实可行的管理方式。第一，做好时间管理。创客教学空间的开放时间要合理规划，除在上课期间开放外，还应根据学生和课程内容需要在课下进行定时开放，便于师生随时进行实践学习，给师生在学习上提供充足时间。比如有些学生寒暑假期间不回家，完全应该被允许在创客教学空间里开展自主学习或几个人的合作探究学习。第二，强调师生共管。思想政治理论课创客教学空间的管理主体应该多元化，可实行教师主管，学生协管模式。师生共管有利于发展师生情谊，构建良好的师生关系，从而激发学生对思想政治理论课的学习兴趣。第三，管理理念要开放。创客教育理念的核心要义之一便是共享，思想政治理论课创客教学空间管理也应树立起开放理念，积极促进学校的创客教学空间与外界接触，允许外来参观者、学习者和共建者。在信息化时代，开放式管理有利于营造创客教学空间的良好环境，完善创客教学空间。

（三）打造高水平师资队伍

办好思政课，关键在教师。无论时代怎样发展，无论教学方式怎样创新，教师在高校思想政治理论课中的主导地位都不会改变。即便是强调师生角色的"翻转"，教师的作用从根本上说也只是发生了升华而并没有弱化或淡化。作为高校思想政治理论课教师，不应该害怕永远"失效"，更不应该庆幸可以"偷闲"。其实，越是新的教学模式在思想政治理论课中发挥作用，思想政治理论课的教师就越是经受考验，越应该增强本领。高校思想政治理论课实施创客教学模式也是如此。它所提出的第一个要求一定是针对教师队伍提出的。"培养能够创新创业的学生创客，亟需既能够设计创客项目、又能指导学生进行创客活动，技术能力、创新能力、教学能力和综合素质强的创客型教师。"① 教师要用好创客教学模式，充当好引导者、指挥者和总结者的身份，就必须焦点式提升，精准式发力。

在高校思想政治理论课中实施创客教学模式，需要教师具备创客教育理念和开展创客式教学的能力。培养具备创客理念和实践能力的思想政治理论课教师，可建立职前职后一体化培养和培训机制。职前培养主要针对高校思想政治教育专业的学生，他们是未来的高校思想政治教育的中坚力量。高校思想政治教育专业可针对创客教育理念，制定专项的具体的可操作的人才培养计划，在课程设置、内容选择和方式优化上重点考虑创客教育理念。职后培训的主体是学校从事思想政治理论课教学工作的教师，他们是创客教学模式的现实执行者。具体来说，有三种可行的方式，第一，制定规范化、体系化、长效化教师培训机制。学校遴选资质较好的教师参加创客教育机构的理论培训。通过学习掌握思想政治理论课融合创客教育需要的多学科知识、创客教学模式实施方法和相关注意事项。为把教师培训工作做出实效，学校应当与社会上口碑优质的创客空间达成合作，共同制定培训方案。第二，组建一支创客式教师团队。在校内招募一批对创客教育感兴趣且具有创客理念的教师，这是精准

---

① 郭联金等：《以创客教育构建创新创业新生态》，《实验技术与管理》，2016年第5期。

式发力的重要环节。教师团队要定期开展研讨活动，使团队中的每一个教师都能够在交流中扬长避短、补齐短板。第三，邀请创客教育专家来校讲学。创客教育专家具有很高的创造热情和专业能力，能够有效弥补教师的创客素养不足问题，启发教师的创新思维发展，树立起创客教育理念。

（四）优化基于创客教学模式的考核评价机制

评价是教学的导向，一个合理的评价机制对教学有正向促进作用。在长期的高校思想政治教育中，考核评价基本形成制度固化和思维定式。创客教学模式对于高校思想政治理论课教学来说是一个新生事物，传统的考核评价与这个新生事物之间必然存在扞格之处。考核评价不转一转"风向"，创客教学模式的长期长效实施将难以实现。因此，优化基于创客教学模式的考核评价机制是一项工作重点。

首先，评价的主体尽量多元。在创客教学模式下，高校思想政治理论课教学尊重学生的主体性和创造性，但学生的认知水平和实践能力毕竟有限，仍需要教师的指导。离开了教师的指导，创客教学很有可能流于形式或偏离方向。教师的最终总结、提炼和评价也是学生不断提升的重要促发源。因此，教师必然是学生学习历程、创造思路、最终作品成绩优劣的最重要评价主体。当然，只依靠教师的单主体评价模式对于学生创造创新、团结协作等能力进行综合评价显然是不够的，且极有可能因评价"不公"导致学生丧失了积极性。有鉴于此，学生作为参与评价的主体应是一个可行的尝试。因为一方面创客教学模式格外突出学生之间的协作共享，在协作中学生们之间的了解是最深的，所得评价也是更为客观的；另一方面创客教育理念强调学生综合能力发展和主体意识激发，把学生作为评价主体可彰显师生的平等地位。当然，需要指出的是，学生评价学生很有可能因彼此间关系要好而"有所照顾"，避免评价结果的"失真"就需要教师严格规范评价标准，综合各项指标。另外，还可以邀请相关专家参与对学生作品、成绩和能力的评价工作。专家的评价更有客观性，理论依据充分，更容易让各方认可。

其次，评价的范围尽量拓宽。一般的思想政治教育评价机制较为单一，评价的内容基本是学生的考试成绩或课堂考查的表现。对考试成绩或课堂考查的表现进行评价，并作为学生的最终"认定"一定程度上说具有概括性，但总是不全面的。创客教育理念十分强调学生的创造性、创新性、实践能力、协作能力和共享意识，对于高校思想政治理论课来说，这些重点是非常好的考核评价参考指标。因此，可尽量拓宽评价的范围，学生的"点子"、制作的产品、完成的作业、对他人的帮助、对课堂教学提出的优质的建议、对教师和学生做出的中肯评价等内容都可以放到考核评价的范围内。即便某个学生没有完成最终的作品，但他的创意和团队协作精神所获得的分数不应该低于成品，如此才能真正激发学生的创新积极性和创造能力。此外，要明确评价宗旨，落实"以评促学""以评促进"原则。评价不是为了打分，不是为了比出个优劣高低，而是为了让学生找寻自身学习中存在的问题和不足，并能够从多项评价指标中找到努力的方向和方法。

最后，评价的方式尽量多样。要达到综合考量和科学评价的目的，评价方式的多样是保障。当代青年大学生的思想理路和行为方式具有多样性、多元化、可塑性等特点，简单划一、千篇一律在创客教学模式下是行不通的，不但不能反映出学生的水平，可能还会"好心办坏事"。单一的以考试为主导的评价方式只能显其一面，不能呈其全貌。因此，创客教学模式下的高校思想政治理论课的教学评价方式要因时而变，不断向更有益的方向探索，尽量"采用过程性评价与总结性评价相结合的方法"①。具体来说，就是要拿出对学生进行形式多样的评价，不仅关注学生的卷面成绩和成品表现，还要关注学生的个性发展程度、素质提升水平和能力呈现广度。比如可通过建个人档案的形式记录学生的成长经历，抓住每一个细节和每一点进步，以此作为其中一个重要的评价标准。在评价的过程中要特别注重情感评价，认真倾听学生内心的真实想法和见解，对学生可以在适当的批评的同时多进行表扬和鼓励，并对学生给予全面的、合理的、系统化的指导。总的来说，日常作业、学均课时、随堂测验、段末考试等多种方式都应该被调动起来，形成考核评价的"方式合力"，以此激励学生不断努力学习，不断提高积极性与主动性，不断启迪智力和提升素养。

综之，创客教学模式尊重学生的主体地位，注重学生的首创精神，激发学生的创造能力，突出学生的实践活动，目的在于把学生都培养成"具有创新意识、创新思维和创新能力的创新人才"②，这是符合当代社会发展和教育教学改革大方向的人才培养模式。把创客教学模式应用到高校思想政治理论课的教学中来，能有效盘活思想政治理论课的创新元素，对教学理念、教学内容、教学方式和教学评价等四个方面都有不错的"激活"效果。在部分地区和高校，创客教学模式已经在高校思想政治理论课教学中有所呈现，并收到了一定成效。当然，也应该看到，创客教学模式对学校的条件、教

---

① 董同强，马秀峰：《创客视角下高校个性化创新创业教育实施策略研究》，《重庆高教研究》，2017 年第 4 期。
② 何克抗：《论创客教育与创新教育》，《教育研究》，2016 年第 4 期。

师的素质和学生的基础都有较高要求，运用不当难免就会流于形式，打好基础是关键性前提。作为高校思想政治理论课混合式教学的一个表现形式，创客教学模式的创新方向和思路是好的，但还需要巩固基础、做强支点。

第四节　微格教学模式

微格教学（Microteaching）于 20 世纪 60 年代由美国斯坦福大学创立，在 20 世纪 80 年代被引入中国，又可以被称为"微观教学""小型教学"等。微格教学是一个有控制条件的微型教学环境，使教师能够集中掌握某一特定的教学技能和教学内容。微格教学实际上是打造一个训练环境，使平素的课堂教学变得"片段式"或"环节式"。受训者用 10 分钟左右的时间对某一个内容或环节进行试讲，试讲情况由录像机记录，指导教师和受训者一起观看，共同分析优缺点。然后再次训练，直至掌握正确的教学技能。微格教学能使练习者获得大量反馈意见。

微格教学模式是用来训练师范生（准教师）教学技能，提升师范生未来教学能力储备的现代化教育手段。其操作方法和核心理念具有鲜明的实践性、个性化和系统性特点，与高校思想政治理论课教学改革中教师素养提升的诉求总体一致，因此完全可以在高校思想政治理论课教学中进行尝试，用以促进教师发展。在微格教学模式下，理论与实践紧密结合，学习重难点突出，互动交流得以加强。微格教学模式非常能够考验学习者对知识的把控能力和掌握水平，能提升学习者的学、讲、评、协作等多种能力，对提高高校思想政治理论课教师的教学技能和综合素质以及教学实效性具有重要价值，有利于培育思想政治理论课课程精品，有利于做优高校思想政治教育供给侧结构性改革。

一、微格教学模式的优点

微格教学利用现代教育技术为学习者提供了一个专门的教师教学技能训练和综合素养提升的平台。微格教学模式把教师的课堂教学技能按照环节进行科学细分、逐项训练，有助于学习者通过不断回看、交流、反思和优化快速掌握教学技能，短时期内提升整体水平。微格教学模式与其他各种教学过程不同，它以模拟课堂训练为主要方式，允许多次回看录制的教学录像，为不断试错和多次反思打磨创造了可能性。相比较而言，微格教学"是一种有控制的实践系统，可以将复杂的教学过程分解成容易掌握的单一技能，也可以更容易掌握各技能的特点和构成要素"[1]，在提升教师技能方面有着明显的优点。

微格教学模式的优点主要体现在精细、全面和灵活上。具体来说，第一，微格教学是针对某一确定的教学技能，把复杂的教学过程条分缕析，划分为可描述、可观察、可培训的模块，并平等看待每一个模块，不偏不废，通过研究、分析和训练做细每一项技能提升工作。在训练过程中学习者可以根据自身情况，侧重训练某一具体的教学技能，矫正自身存在的每一个教学问题，把细节放大，反复练习，在教学技能提质上下一番精细功夫。第二，微格教学利用

---

[1] 尹合栋：《数字化网络微格教学平台的构建与应用》，《中国远程教育》，2012年第5期。

录播系统，把整个训练过程录制成视频，所以除了接受同事、同行或领导的评价外，学习者可以通过反复观看视频实现自我评价。当然，还可以把录制的视频上传到微格教学平台上，听取更多评价主体对其教学过程的中肯评价。通过把评价工作做全面，可以帮助学习者发现自己所未发现的问题，解决自己所解决不好的问题，不断改进，全面进步。第三，微格教学模式不仅有示范、观察环节，还有实践和反馈环节，在不同环节学习者担任不同的角色。在示范、观察环节，学习者是学生角色，对示范录像进行研究学习；在实践环节，小组中一个学习者担任教师角色，其他成员充当"学生"角色；在评价阶段，学习者转变为评价者角色，既他评又自评。这种多角色的灵活互换，可以帮助学习者从不同角度观察教学过程，不同方面反思教学中存在的需要改进的地方。

二、微格教学模式应用于高校思想政治理论课教师培训的路径

切实发挥高校思想政治理论课立德树人主渠道作用，增强育人智慧、完善育人手段、优化育人资源供给。新时代，社会深度变迁，对人的思维、行为和心理状态发生着深层次影响，大学生是社会群体中最敏感的群体之一，极易随社会变迁而发生改变。当代大学生的学习"需求"多样化、复杂化、动态化，高校思想政治理论课如果"供给"不足，就必然出现"供不应求"问题。要制造充足的"供给"，就必须优化育人资源；要优化育人资源，就必须首先从教师综合素养的提升着手。近几年，高校思想政治理论课教师如何更新观念，如何增强本领成为教育改革的重要环节。微格教学模式恰可以为这一问题的解决提供一个思路。

一方面，就整个流程来说，可以参照北京林业大学的思想政治

理论课"微格法"教学探索其成功经验。2016 年，北京林业大学马克思主义学院在一次教学基本功比赛的评课中发现"录像中的自己"和"讲台上的自己"迥然不同，无论从语言表达、教姿教态，还是教学内容、课堂组织等都存在一定差距。自己看着都不满意的课，学生又怎么会满意呢？这一问题的发现，激发了学院领导和教师们的"上进心"。学院决定把"微格法"运用于思政课教学，即通过录制视频、自看自评、他看他评、再次录制、线上共享、线下回归课堂等环节不断"磨课"，主动作为，帮助教师达到最佳的课堂状态。"微格法"教学改革实行"三步走"战略，即照镜子、互相评、重回归。第一步是"照镜子"。每一位思政课教师进行课堂全程录像，课后教师回看自己在视频里的上课状态。第二步是"互相评"。学院以教研室为单位组织互评研讨，广泛听取专家和同行意见，通过在课堂板书、讲课姿势、授课内容、案例选取等方面提供建议，为每名教师"量身定做"一套改进方案。第三步是"重回归"。每一位思政课教师根据改进方案备课、录课，并对改进后的微格视频择优上传。教师以"改进"后的风貌重新组织今后的课堂教学。

另一方面，就评价反馈来说，在评价内容上，可从教学技能的综合运用与分项训练两个方面确立综合性评价和分项技能评价两者结合的指标体系。在评价方式上，改进评价环节，从"试讲者自评、同伴评议"的典型模式转为"试讲者自评、同伴评议、专家点评、试讲者回应"的新模式。尤其要发挥思政教学专家点评的作用，让专家在微课教学小组长协助下主持和实施教学评价工作。专家可在"学习小组组长、联络员等协助下通过微格教学总控室的观察，全面监督、掌控微格教学的各个环节，恰当地介入各组活动，进行必要的现场调节和指导"①。也可采用巡回指导的方式与微格教学中各位教师展开合作互动，即在一次微格教学时段中，专家先在一个微格教室中倾听、点评并指导完成一到两个思政课教师的讲课，然后依次进入第二间、第三间微格教室重复同样的工作，这种评价方式及时、灵活、更具操作性。微格教学中的每一个教师在听完同伴互评、专家点评后的反馈回应是整个评价环节的重要部分。在这个环节，每一个教师在听了别人的评价和建议后，做出具有反思性和总结性的回应，从而为更加全面地自我评价奠定基础。通过系列评价，微格教学中的每一个教师能够有效整合知识、技能、方法、情感、态度等多种"资源"，由此改进了不足、补齐了短板、增长了本领。

综之，微格教学模式迎合了高校思想政治理论课教学改革的方向和要求，从提高教师综合素养上为思想政治教育供给侧改革助力。通过少数高校思想政治理论课教师微格教学实践的成果，可知微格教学模式是落地有效的。当然，因很多高校还并未把微格教学作为教师培训的重要方式，其有效性、广度和深度的验证还需要一些时间。此外，也应该看到，微格教学有效性的影响因素还有许多，如"课堂技能训练的气氛、教学方法与教学设计、师生之间的互动与交流、教师的教学经验与智慧以及班级学生学习风气。"② 因此，微格教学模式的开展需要多方考虑，结合实际，有的放矢。

---

① 田秋华，刘晖：《合作互动微格教学模式的探索与构建》，《电化教育研究》，2013 年第 2 期。
② 于四海：《新课程背景下微格教学有效性研究》，《电化教育研究》，2011 年第 8 期。

第五节 PBL 教学模式

PBL（problem – based learning）教学法是以问题为基础的学习模式，强调学生通过合作进行学习，展开一段时期的探究，致力于用创新的方法或方案解决问题，进而形成解决问题的能力。与传统的以教师为中心的教学模式不同，PBL 教学模式是以学生为主体的教学方法，是以学生为小组讨论的形式，在辅导教师的参与和引导下，围绕某一复杂的、多场景的、基于实际问题的专题进行问题的提出、讨论和学习的过程，其核心是以问题为中心，以学生讨论为主体，教师是引导者。发挥出"问题"对学生学习的方向指引和思路指导作用。培养学生的创意思维、批判思维、创新能力和自主学习能力。

一、PBL 教学模式的特点

以学生为中心。在 PBL 教学模式下，学生是问题的解决者，是学习的主体。学生对于知识的获得主要不是从教师，更多是依靠自己与合作，通过自己查询资料、相互讨论和研究及自我反思。学生对教师的依赖性减小，学习主动性和积极性大大增强。PBL 强调的是学生带着"问题"去学习，问题式学习法不仅让学习过程更有趣味性、更引人入胜，而且更能提高学生对学习材料的理解分析能力。问题的解决靠"单打独斗"是较难办到的，还要加强与他人的积极合作，在此过程中，学生的社会性得以体现和发展。教师与学生站在平等的位置上，扮演的是知识建构的促进者角色，而不再是传统的知识库角色，师生之间建立了一种以信任、尊重、倾听、鼓励为表现的新的关系。在学习过程中，教师不再进行知识的直接传授，而是跳出"讲课"这个小圈子，起着一个"宏观调控"的作用。教师可以在学生的学习过程中进行启发、提问，帮助学生在问题的研究和讨论中进行沟通、评价、整合知识。也就是说，教师和学生都进行了"变身"。

问题源于真实情境。在 PBL 教学模式中，问题非常接近真实情景或者说直接取材于现实世界，所以它能够将所学知识与现实社会联系起来，克服了传统教育模式中课程脱离社会实际的弊端，保证了在将来的工作和学习中学生能够将所学知识有效迁移到实际问题的解决中。PBL 教学模式体现着明显的各学科知识的交叉性。学科知识的综合性是 PBL 教学模式的一个典型特征。在 PBL 教学模式中，尽管问题是以某一学科或某一知识点为中心而设计的，但在解决问题的过程中，需要运用多学科的综合知识进行分析理解，这就是 PBL 教学模式的"跨学科"性。与问题有关的知识呈横向、交叉状态，学生无法单纯依靠某一门学科知识解决问题，必须学会调动多学科知识。因此，PBL 教学模式能锻炼学生利用多种学科知识来解决问题的技能，打破传统教学模式中的知识面狭窄、人为割裂知识的弊端。

强调合作性。拥有独立学习的能力与加强和他人之间的合作，从根本上说是毫不冲突的，不但不冲突，反而更能提高个体的学习效率和问题解决能力。PBL 教学模式强调学生间的分工与合作、团队协作精神，这是有异于传统教学模式的一个创新性优势。PBL 教学模式中确定的问题通常都有"含量"，单靠一个人是无法完成的，需要小组内成员的共同努力，不同背景、不同学习水平的学生更能够看到同一个问题的不同面，可以提出不同的解决方法。PBL 教学模式"一个重要核心是思维的碰撞，在碰撞中相互学习"①，大家共同分析问题、实现思维碰撞、相互鼓励沟通、共同承担责任，形成一个密切合作的学习共同体。这种组内合作的学习模式不仅能够保障学习任务完成的高效率，还能提高学生的理解、沟通与合作学习的能力。

重视对解决实际问题能力的培养。PBL 教学模式的学习内容并不是书本上现存的知识，而是现实生活中的一些实际问题。学生在获得一个问题之后，要收集资料、分析研究，并利用已习得的知识和技能形成最终解决方案。它摆脱了单纯知识性学习的困境，更注意发展学生的理论联系实际、在做中学的品质。与传统的教学模式相比，PBL 教学模式为学生创造了更宽松的学习环境，学生在一系列学习环节中都需要亲自来解决各种问题。简而言之，PBL 教学模式下，学生的学习动动嘴是不行的，更要动动手；背背知识点是不行的，更要能解决现实问题。

二、PBL 教学模式的优势

PBL 教学法使学生的学习具有探索性、主动性。传统的灌输式教学一般是老师讲，学生听，这种方式是以教师为中心，以知识为本位，学生处于被动的地位，学生的学习只能跟随老师的思路，真的只是为学知识而学习，不能充分发挥学生的探索性和主动性；而PBL 教学法"让学生积极思考，锻炼其分析问题和解决问题的能力，

---

① 郭林杰等：《PBL 教学方式探讨》，《中国卫生事业管理》，2014 年第 3 期。

由学会到会学，培养了学生研究性学习能力。"① 它是以学生为中心，以问题为基础，学生通过讨论、查资料等多种方式获得解决问题的方法和答案，这就使得学生的学习由被动变为主动探索，由盲目变为有目的的探寻问题的答案和实质。

PBL 教学法使学生学习具有问题性和参与性。PBL 教学法要求学生以"问题"为学习的出发点和逻辑起点，"问题"是活水源头，是下锅的"米"，是材料库。在发现问题、探究问题、解决问题的过程中，学生获得了知识、掌握了方法、锻炼了思维。PBL 教学法很明显是以学生为中心的教学法，它把学生当作鲜活的有着求知欲望和探索能力的主体，鼓励学生参与到探索中来，激发学生解决问题的意识，培养学生解决问题的能力，能最大限度发挥学生的能动性和创造性，进而有利于学生真正理解和掌握知识及多方面能力的培养。PBL 教学法认为"学习是在教师引导下学生发现的过程"②，因此它能使学生在"发现"过程中激发学习兴趣，培养思考和解决问题的能力。

概括起来，所谓以问题为基础的学习其实就是指把问题作为学习的起点，学习活动围绕问题而展开，通过问题的解决过程，让学生不仅能够掌握相关知识，更重要的是能够锻炼学生的自主学习、解决问题和发展思维能力。PBL 强调的问题是复杂的、真实的、有意义的。问题必须涵盖课程的教学目标，并能与学生所学知识、各种概念和原理有机联系起来，让学生能够根据自己已有的知识去习得、掌握新的基本概念和科学知识。问题本身具有复杂性，现成信

---

① 陈丽虹等：《PBL 教学模式效果评价及思考》，《中国远程教育》，2013 年第1期。
② 朱叶秋：《"翻转课堂"中批判性思维培养的 PBL 模式构建》，《高教探索》，2016 年第 1 期。

息不足以解决，也不是稍加推理就能达成目的，而是需要学生自己去分析问题、查询资料、收集信息，从而进行思考探究，去发现问题的关键所在。同时，问题要与实际生活相关，让学生感觉所解决的问题就是身边的问题。这更能激发学生深入思考、探索知识的动力。

三、PBL 教学模式应用于高校思想政治理论课的实施步骤

PBL 教学模式的实施分为准备阶段和开展阶段。准备阶段主要是做好教学模式培训、学生分组和"问题"设置三个工作；开展阶段一般以课堂教学和课下自学相结合的方式，为达到解决问题、获取知识的目的，开展阶段会多次反复。高校思想政治理论课的每一门课程中都有很多可以研究的"问题"，这些"问题"具有探索性和研究价值。"问题"的解决需要在准备阶段"磨好刀"，在开展阶段反复磋磨。具体来说：

（一）准备阶段

首先，要进行 PBL 教学模式实施的系统性培训。在教师培训方面，学校应有培训计划，可"引进来"和"走出去"两相结合，拨出资金和场地，支持思想政治理论课教师到其他相关方面表现出色的院校进行培训，或者引进 PBL 教学方面的专家对本校教师培训。确保每一位思想政治理论课教师通过培训能熟练掌握 PBL 教学模式的操作方法，编写合格的 PBL 教学案例，调整自己在课堂教学中的角色，实现思想政治教育教学理念上的重点转变。在学生培训方面，着重使学生了解 PBL 教学模式的核心理念，了解自己在 PBL 教学模式中的主体性地位，了解采用 PBL 教学模式的优势，从而实现学习

观念上的转变；通过给学生介绍 PBL 教学模式的操作流程和评估方法，为 PBL 教学模式的顺利实施打下坚实基础；通过有效培训，增长学生发现问题和解决问题的知识，实现学生对 PBL 教学模式的心理调适，使学生更好地接受 PBL 教学模式。

其次，做好学生分组工作。分组学习是 PBL 教学模式的一个重要特征，分好组看起来容易，实则达到最优搭配并不容易，对于一向采用大班制教学模式的思想政治理论课来说更是如此。思想政治理论课教师在分组时需要考虑小组规模、学生搭配、组内结构等几个问题。小组以 5 人左右一组为宜，人数太少，讨论难以深入；人数太多，人人参与得不到保障，反而会影响课堂节奏。学生搭配上应考虑性别、性格、区域、成绩等因素，尽量实现结构平衡，体现知识和能力的互补互助。有些教师在开展 PBL 教学时采用自由组合的方式，实施效果也不错。具体到底选择哪种分组方式能够实现要素最优，还需要进一步研究。此外，要把小组活动做实做透，不可流于形式或互相推诿，因此每个小组必须配备一个组长和记录员，组长负责引导和组织组内讨论，总结已取得的成果，确定学习计划，记录员记下讨论过程。小组学习对分工合作要求很高，需要每个小组成员面对共同问题，发挥各自的作用，贡献自身的优势力量，实现个人发展和团队发展的同步进行。

最后，确定情境和问题。PBL 教学模式中的情境是学习活动的起点，学生从情境中发现问题，并在解决问题的过程中不断获取知识和能力。情境的确定要来源于现实或接近现实，不可"虚拟现实"，更不要"高大上"，力求"接地气"。确定情境要坚持一个根本原则，即既要在整体上，又要在细节上利于学生学习知识、提升能力。情境中的问题的确定尤其需要下一番功夫，要有实践性、复杂性、挑战性和多层次性，"必须真实的、面向完整任务的问题"①，伸手就能够到的问题不能要，踮起脚尖跳一跳还是不能够到的问题也要不得，确定的问题要能全面刺激学生，引导学生主动探究。比如 2021 年是中国共产党成立一百周年，中国近现代史纲要课程完全可以确定"为什么说中国共产党是抗日战争的中流砥柱"为重点问题；毛泽东思想和中国特色社会主义理论体系概论课程可以把"第一个一百年里，中国共产党领导全国各族人民取得伟大胜利的原因有哪些"确定为问题。这些问题既契合现实，又是学生普遍感兴趣的。在确定情境和问题时，教师可根据课程内容，选择相应的方式，可以单枪匹马，也可以组成教学团队，集思广益，把情境和问题的确定工作做扎实，做出效果。

（二）开展阶段

PBL 教学模式的开展阶段考验耐心和反思能力。一个情境下问题的解决可能需要以课堂和课下相结合的方式进行数轮往复，这里的往复形式上类似，实际上是循序渐进、螺旋上升，在深度上不断递进。

第一次课堂教学活动。工作的第一步是发放案例资料。案例资料要有针对性和精准度，紧紧围绕教学大纲进行编制，需要学生解决的问题要能够被巧妙地设计在案例资料的表述中。每个小组都须有一份以上的案例资料的书面形式。拿到案例资料后，各小组组长负责检查是否有不熟悉的概念和术语，报请思想政治理论课

①　张超，杨改学：《基于 PBL 的翻转课堂模式在软件教学中的应用》，《现代教育技术》，2016 年第 3 期。

教师进行解答释疑。在确定无字面上的疑难后，开始解读案例和确定问题。各小组通过各种方法，找出需要解决的一组问题。紧接着，在问题的基础上提出假设，假设内容应宽泛，问题产生的原因、后果和对策都尽可能被包括在假设之中。然后，分析问题，找出一组问题间的联系，并确定需要增补的案例资料。最后，制定学习计划，分配学习任务，确定课下学习和工作的内容、步骤和时间期限。

第一次课下自主学习。课后，每个学生依据所分配的任务，展开独立自主的学习。学习方式可根据个人兴趣、能力和知识结构多样选择。比如可通过查阅书籍、上网等各种方式收集资料，也可以请教相关专家获得信息，总结归纳，论证假设。目前，高校思想政治教育相关的资料平台非常丰富，不少平台不仅美观，而且内容优质，很具有学习价值。思想政治理论课教师可提前向学生进行"批量介绍"，供学生选择。自主学习对学生的资料搜集能力、信息筛选能力、自我组织能力和自控力都是挑战，也是很好的发展机会。有些学生的学习动机和能力很强，通过课下的自主学习能"锦上添花"，部分学生自控力较差，拖延问题较严重，就需要同小组的组长或优秀的组员进行监督，可通过每天定位工作轨迹、日常工作量打卡等方式进行约束。

第二次课堂教学活动。有了第一次课堂教学活动和课下自主学习的基础，第二次课堂教学活动的开展更加有声有色。在这个阶段，每个学生将自己在课下自主学习中所获得的新知识和新信息向小组成员报告。每一个成员都汇报完以后，小组讨论是否完成了上节课确定的学习目标。经过讨论达成一致意见后，教师分发该案例新的资料。各小组对比上节课确定需要增补的案例资料，总结上节课讨论的经验和初步结论，通过对几种资料的拼、组、整、合后，挖掘新信息，发现新问题，提出新假设。然后把第一次课堂教学活动的流程重新过一遍。根据教学大纲和细致化的教学内容，确定往复次数，直至学习目标的完成。

最后一次课堂教学活动。这一阶段包含三个任务：报告学习效果、反思和评价。首先，各小组选派代表进行报告，报告的形式可以采取学术演讲等多种形式，报告的内容要精炼、精准，应该包含学习研究的成果（尤其是闪光点）、遇到的不易解决的难题、今后的发展方向。其次，进入反思阶段。反思的内容应该包括自己学到了哪些知识，哪些知识还没有掌握，为什么会有所遗漏，在小组中每个人做出了什么贡献等等。最后是评价阶段。学生自评和他评相结合。思想政治理论课教师此时要发挥引导者和总结者的作用，一方面对学生的表现进行评价，评价以鼓励为主，平等对待过程和结果表现；另一方面对本单元知识重点作框架性总结，并从基础知识、自学能力、行为表现、资源准备等方面进行总结。启发学生的思考，为下一个教学内容的 PBL 教学积累经验。

综之，PBL 教学模式强调以学生的自主学习和团队协作为主要形式，格外重视通过"问题"引导学生展开探究，培养学生解决现实问题的意识和能力。PBL 教学模式对学生自主学习和团队协作的方式没有严格规定，但大体上仍要求线上线下的协同。PBL 教学模式是高校思想政治理论课混合式教学改革不错的选择项，它所要求、重视和培养的学生的自主能力、协作意识、问题意识和解决问题的能力也正与高校思想政治教育的诉求保持一致。把 PBL 教学模式的核心理念和实践方式糅合到高校思想政治理论课教学中必将是大有补益的。当然，也应该看到，PBL 教学模式对学生的问题探究要求很高，需要学生花费大量的时间去完成任务，对于学生而言难免负担加重。此外，高校思想政治理论课的很多内容仍需要以"灌输"为主，并不需要学生通过探究得到结论。因此，在高校思想政治理论课中把 PBL 教学模式用出实效，还应全体思想政治理论课教师细细研究、好好琢磨、稳健推行。

第五章　高校思想政治理论课混合式
教学实践经验研究

采用混合式教学模式是近几年全国各高校思想政治理论课教学改革创新的总方向，借助于现代信息技术的优势，结合学生的身心发展状况，立足于学校的软硬件条件，部分高校在思想政治理论课混合式教学实践中取得了可喜的阶段性成果。这些高校主要包括清华大学、复旦大学、中国人民大学、武汉大学、东北师范大学等，它们的实践为其他高校的思想政治理论课混合式教学的开展提供了难得的经验。

第一节　清华大学思想政治理论课教学模式

清华大学是我国最早建立马克思主义理论学科的高校之一。1993 年清华大学被教育部确定为全国 4 所思想政治理论课改革试点院校之一；2007 年清华大学思想政治理论课教学团队被教育部授予全国首个思想政治理论课优秀教学团队；2008 年以思想政治理论课教学部和马克思主义研究中心为基础，清华大学成立马克思主义学院。清华大学致力于构建研究型教学体系，组织教师积极参加中央"马克思主义理论研究和建设工程"，8 名教师作为首席专家，担纲编写该工程的 6 部重点教材。先后有 5 门思想政治政治理论课入选"国家精品课程"，1 项思想政治理论课的教改成果获国家级教学成果一等奖。

清华大学高度重视思想政治理论课建设，由党委书记担任课程建设领导小组组长，注重从育人全局的高度加强课程建设。近年来，积极探索思想政治理论课教学方法改革，结合思想政治理论课多学科交叉综合的特点，积极主动将学科优势、科研优势、师资队伍优势等运用于人才培养，把马克思主义中国化的最新成果引入课堂，大力提高学习实效，着力实现真信、真用、入脑、入心，使思政课真正受学生的喜爱。教学经过多样化创新，清华大学的思想政治理论课教学取得可喜成果，"圈粉"无数，在学生评教中，思想政治理论课始终处于全校哲学社会类课程的前列。清华大学在思想政治理论课的改革创新上已经积累了丰富的成功经验，大体上可以概括为创新课堂教学管理模式、因材施教教学模式、慕课教学模式三个方面。

一、创新思想政治理论课课堂教学模式

传统的思想政治理论课课堂教学方式以教师为主体，教师讲什么，学生听什么，教师要求完成什么课程任务，学生就原原本本完成即可。这样的课堂教学方式很难满足信息化时代学生对思想政治理论课教学的要求。学生可获取知识和资讯的渠道很多、很快、很高效，传统的思想政治理论课课堂教学实际上是落在学生后面了。

有鉴于此，清华大学思想政治理论课教学团队率先提出了"研究型教学"的理念，即以学生为主体，问题意识为导向的教学模式。这种教学模式以"课前调研需求，课上专题讲授"为主打形式，让学生主动提出对国家、民族、社会和自我成长中的困惑，教师有针对性地进行引导。在这样的思想政治理论课课堂中，教师任务性强，所讲知识"有的放矢"；学生问题意识强，知识学习更具内驱力。

清华大学思想政治理论课课堂教学模式的创新，一句话概括就是"实施问题导向，解决思想困惑"。具体来说，紧紧以提高教学针对性为"靶"，通过多渠道收集整理学生的思想困惑，围绕学生的思想疑惑点进行专题教学设计，改变"照本宣科""照惯例讲课""满堂灌"的传统授课方法。鼓励学生从学校小课堂走向社会大课堂，在社会观察、社会调查中发现问题、分析问题。清华大学马克思主义学院经常性组织教师广泛参与学生主题党日团日活动、社会实践、社团活动等，定期开展思想动态调研，及时准确把握学生思想脉搏，并将学生的思想困惑带回课堂，在教学中做好解疑释惑工作。注重将讲授与讨论相结合，每堂课安排一定比例的学时，让学生围绕思想认识困惑和所关心的社会现实问题进行提问、演示、辩论，开展讨论式教学，引导学生独立思考、积极参与，实现课堂从"教师中心"向"学生中心"的转变。

在思想政治理论课课堂教学管理上，清华大学也进行了创新。为了满足学生对于课堂互动的新要求，"搞活"课堂，"中国马克思主义与当代"课程组的教师们采用"教学相长"的课堂教学管理模式，充分发挥学生"反哺"老师的主动性。具体来说，就是为每位同学建立一个"教学相长"管理手册，同学们需要在每节课后写出对于课程内容的总结与思考。允许并鼓励同学们提出不同看法，发出不同声音。对教师课堂教学内容提出不同观点的学生，只要理由充分合理，都可以获得一定程度加分。这既保证了课堂的到课率，也促进了学生们主动去思考老师在教学中所提出的问题。"教学相长"课堂教学管理模式实质上就是要重视在教学过程中培养学生思辨能力的重要性，使学生的学习兴趣由对知识的掌握逐步向对问题的研究转变，促进学生建立自己的思考方式。

二、开展思想政治理论课因材施教教学模式

清华大学思想政治理论课教学创新中一个格外引人注目的成果是因材施教教学模式的成功实施。所谓的因材施教，指的就是教师在教学中因人而异，量体裁衣，"根据不同学生的不同特点，采取多种形式，调动所有学生的积极性，共同探讨、研究、回答并解决时代、社会、人生中不断碰到的难点、热点问题"[1]。当代青年大学生个性鲜明，自我意识强，思想政治理论课教师只有从学生的实际情况和个体差异出发，想个体之所想，解个体之所困，才能走到学生心里去，最终赢得学生。就这一点而言，清华大学的探索是非常成功的。为满足大学生个性化需求，清华大学把"因课施教""因师施教"和"因生施教"有机结合，改变传统教学"一刀切"的授课方式。鼓励学生结合学科专业特点，采用读书笔记、调研报告、诗歌、剧本创作等方式完成作业。这一模式既发挥了学生的专长，又以育人文化滋润了心灵。"中国近现代史纲要"课程在这方面表现的最亮眼，成为教学活动的品牌。

清华大学马克思主义学院"中国近现代史纲要"课程因材施教

---

① 王宪明，华表：《有的放矢 因材施教》，《思想理论教育导刊》，2011 年第 6 期。

教学模式的改革最先针对美术学院的学生。教师运用课堂讲授互动＋课下自主研究的授课方式，实现学习时间的延展＋课堂的延展，把学生创作的艺术作品作业放在课程教学的重要环节，一方面向学生传授中国近现代历史知识和课程重难点内容；另一方面在学生作业题材选择方面给予积极指导，引导学生树立正确的世界观、人生观和价值观，用艺术作品"讲好中国故事"，传递正能量。艺术作品的创作形式可以多样，包括绘画、雕塑、陶瓷、染织、书法等，只要是自己擅长的"专业语言"皆可。这样既可以避免学生为了完成作业而写一些空话套话，同时也推动了许多优秀作品的诞生。通过课堂深入研讨学习，课下认真查找资料，学生们或单独或集体反复讨论琢磨，逐步确立创作切入点，历史中的人物和时间渐渐有了生动的质感和温度。自 2011 年以来，清华大学马克思主义学院举办了多届以"百年印象""寻梦中国""峥嵘岁月"等为主题的学生因材施教作品展，收到了良好的效果。

　　"中国近现代史纲要"课程因材施教教学模式经过探索，已经"从最初针对美术学院专业学生的教改发展到现今覆盖全校所有专业学生"①。不同学科背景的学生认识接受、兴趣爱好也是不同的。"不照本宣科、满堂灌，而是结合学生的专业特点，因材施教，这样思政课才能活起来，正确的价值观才能真正打动学生的心。"② 因此，教师们从专业学生的兴趣、特质出发，寻找与学生专业课学习的契合点，使每一位学生紧密结合课程内容，用书法、绘画、摄影、视频、剪纸等形式的艺术作品，创作或写作诗歌、学科简史等文字

---

① 刘承昊，华表：《清华大学"中国近现代史纲要"课程教学创新机制探索》，《高校马克思主义理论研究》，2018 年第 3 期。
② 《把思政课讲到学生心坎里》，《人民日报》，2018 年 1 月 8 日。

作品代替以往作为课程作业的小论文写作，有效激发学生学习的内在动力、学习兴趣。比如，建筑、水利、物理、电子、新闻、法学、中文等专业选取中国近现代史相关主题或人物进行诗歌创作，计算机系的同学还可以做动漫，音乐爱好者也可以制作原创歌曲。经过不懈努力，清华大学取得了突出成果，"2015 年由人民出版社推出了《清华学子的中国梦》《清华学子的人生启航》《清华学子学理论读经典》《清华学子走进社会》《清华学子谈理想信念》《清华学子看改革开放》《清华学子议国情》《清华学子诗说中国近现代史》和《清华学子画说中国近现代史》等 9 册丛书"①，令人大开眼界。

三、大力推进思想政治理论课慕课教学模式

近几年来，随着现代信息技术的快速发展以及与教育领域的不断融合，大规模在线课程兴起，清华大学思想政治理论课站在"互联网＋"时代潮头，在全国率先推出了思想政治理论课慕课，并逐步发展为基于思想政治理论课教学课堂和慕课两个教学平台的线上线下混合式教学模式。2014 年 9 月，"马克思主义基本原理概论"课程推出第一门慕课；2015 年 4 月，四门本科思想政治理论课在全国率先同时登陆慕课；2016 年 9 月，"毛泽东思想和中国特色社会主义理论体系概论"完整登录国际三大慕课平台之一的 edX。四门思政课程在学堂在线、edX 等各类慕课平台"收获"了大量学员。2020 年，新冠肺炎疫情期间，清华大学马克思主义学院四门本科思想政治理论课慕课"毛泽东思想和中国特色社会主义理论体系概论"

---

① 《清华思政课，变身"万人迷"马克思主义学院多种方式创新思政教育，开展因材施教》，《新清华》，2015 年 1 月 2 日。

"马克思主义基本原理概论""中国近现代史纲要""思想道德修养与法律基础"登录全国高校思想政治理论课教师网络集体备课平台，方便全国教师有效使用。为各高校的思想政治理论课慕课教学提供了重要帮助。

慕课教学平台是高校思想政治理论课"施展拳脚""发挥魅力"的新路，慕课教学平台是促使教育回归本质的一种途径，它充分考虑了学生的自主性，把学生按照兴趣、时间、能力进行自由学习从理论变成现实，"实现了学习者随时随地学习思政课程，打破了教室的局限；同时，其完整的教学过程使学生能够通过测试快速得到学习效果的反馈，在讨论区能够及时与其他学习者、教师开展广泛而深入的交流"①。有效激发了学生自主学习的兴趣，促进他们的全面发展。通过线上课程对于理论知识的讲解和线下课程关于共性话题的专题讲授，教学的针对性和学生们的学习效率得以提高。近些年，清华大学以开设在线课程为补充，打造网络教育新阵地。课前教师先在网络学堂上发布带有探索性的题目，设置的题目都是学生当下最关注的各种议题，比如科学是否有国界、集体主义为什么要高于个人主义等。教师运用前沿、鲜活、实际的案例进行讲解，会使学生在深度和广度上拓展对问题的理解。

慕课教学平台资源丰富，手段先进，但资源怎么取、怎么用是个"技术活"。清华大学马克思主义学院的思想政治理论课教师们在"用好""用活"上下了一番创新的、实在的功夫。第一，内容为王，精心设计课件内容是关键。清华大学马克思主义学院的刘震老

---

① 汪潇潇等：《清华大学思想政治理论课慕课的建设与实践》，《现代教育技术》，2016 年第 8 期。

师设计的课件内容十分"吸睛"。他根据教学重难点，浓缩生成更精炼、更富启发性的教授内容，设计了很多教学视频，每段教学视频有丰富的动画和字幕，学生一目了然、牢记在心。第二，充分利用网络课堂优势。清华大学马克思主义学院为加强线上讨论环节，打造了助教队伍专门负责维护线上讨论区和答疑。第三，重视丰富学生的阅读资源。慕课教学平台为学生提供了私人订制式的学习方案，这些方案包含各式各样的学习资源，满足了学生个性化、多样化阅读的需求。

总之，清华大学思想政治理论课慕课教学充分发挥了网络课堂的作用，实现了课上课下联动、课内课外互补，延伸了教育教学的时空性。课前，教师先在网络课堂发布带有探索性的题目，让学生带着思索甚至困惑走进课堂，教师也能够"把握学生思想脉搏，有针对性地解决学生的思想困惑，对学生头脑中急需解决的问题做到心中有数"[①]；课后，在网络课堂上提出分析性题目，引导学生进行更广泛更深入的研讨，同时也提供丰富的教学资源，设置问题集锦、教师答疑、师生讨论等栏目，把答疑解惑落到实处，并做出实效。教师们还结合学生关心的热点难点问题制作了网络课件，得到学生们的热烈欢迎，教学效果十分显著。正因为不断创新，不断向现实要灵感，向科技要思路，向学生要源头，清华大学的思想政治理论课教学改革才成为全国范围内的先行者和引导者。

---

① 艾四林：《推进思想政治理论课新课程建设的新思路和新举措》，《学校党建与思想教育》，2010 年第 2 期。

第二节　复旦大学思想政治理论课教学模式

复旦大学一直以来高度重视思想政治理论课教学改革，始终坚持掌握核心、把准方向、开拓创新的改革原则，紧紧围绕和落实"立德树人"根本目标，不断进行教学创新。在教学内容、教学形式、实践教学、考核评价创新等方面下大功夫、下实功夫，破解了高校思想政治理论课的学生不爱听的困境，切实把思想政治理论课变成了让学生终身受益的"好课""金课"。在多年的勇于探索中，复旦大学思想政治理论课教学改革积累了丰富的可资借鉴的经验。这些经验总结起来，可分为三个方面，即以社会实践教学增添思想政治理论课活力、大力推进课程思政建设、用好思想政治理论课慕课教学模式。

一、以社会实践教学增添思想政治理论课活力

实践教学是高校思想政治理论课教学的重要环节，是提高思想政治理论课有用性、有效性的关键一招，"高校思想政治理论课要达到改造学生思想的教育目的，必须发挥教师的引导作用，鼓励学生积极地进行实践"①。复旦大学很早就开始把社会实践教学摆在了突出位置，精心安排了各具特色的实践活动，解决了理论学习脱离实践的"老大难"问题。复旦大学的社会实践教学别出心裁，坚持把

① 黄明伟，潘建：《高校思想政治理论课运用慕课教学的特殊性及其发展思考》，《思想教育研究》，2016 年第 5 期。

"请进来"和"走出去"结合起来。

为把"请进来"工作做出成效，连续多年举办"复旦大学中国市长论坛"，已经先后邀请40多位市长（书记）为同学们亲身讲授地方改革开放和现代化建设的第一手经验，用真实的案例和故事，让学生了解国家发展方向和方针政策，使学生真切感受中国特色社会主义的丰富实践，坚定中国特色社会主义的理想信念。为确保主题明确、意义深远、效果突出，复旦大学对市长论坛的主讲人要求严格，主讲人所在的城市必须有鲜明的发展特色、主讲人必须有成熟的理论素养和丰富的实践探索经验、主讲人必须具备良好的表达能力。在严格的挑选和策划下，很多主题颇有价值。

社会实践光靠"请进来"，听别人的实践经验肯定是不够的，关键还是要"走出去"，让学生们到社会中去体验。复旦大学鼓励和支持学生开展社会调研，重点关注各领域各部门各地区在经济、政治、文化、社会、生态等各方面建设中取得了哪些成就，关注我国如何通过深化改革破解发展难题、如何建设社会主义法治国家等一系列重大现实问题。复旦大学"以赛促学"，为了促进和检验学生的社会实践成果和水平，举办了征文比赛，每学期参赛学生近千人，学校将优秀调查报告和论文编印成论文集，在课程网站发布，调动了学生参与社会大课堂的积极性。

社会实践教学的"发育"也给思想政治理论课的考核评价注入新的元素。为了鼓励学生更多参与社会实践，复旦大学马克思主义学院推出与社会实践相配套的考核评价方式。规定学生参与市长论坛或者暑期调研所写作的论文或报告优秀者，可以获得期末免考资格而直接拿到 A。针对以往考试过多关注理论知识、缺少能力考核、学生习惯死记硬背等问题，复旦大学通过探索专门构建了由理论知识考核（占 50%）、社会实践考核（占 40%）、平时成绩考核（占 10%）三部分组成的多元化考试模型，在考试中更加注重对学生运用所学知识分析解决实际问题的能力考察，引导学生自觉将马克思主义的抽象理论与中国特色社会主义实践和自身实际联系起来，激发了学生的学习热情，提高了学生的学习能力、合作能力、探究能力和实践能力。育人目标由此得以实现。

二、大力推进课程思政建设

2016 年 12 月全国高校思想政治教育大会以后，复旦大学立即启动课程思政建设工作进程，构筑起以思政课程为核心，以中国系列课程、综合素养课程、哲学社会科学课程为支撑，以专业课程为辐射的课程体系，形成从思政课程到课程思政的圈层效应。2017 年，复旦大学入选"上海市课程思政教育教学改革整体试点学校"，启动课程思政体系建设 1.0 版，建设首批 46 门课程思政示范课程。2018 年，复旦大学召开课程思政建设现场交流推进会，明确了课程思政体系建设的五大目标和七大任务，实施"三十百加一（医）"示范工程，即建设新闻学、政治学与行政学、哲学首批三个课程思政示范专业，20 门在线课程，不少于 100 门课程思政示范课程，整体建设人文医学课程思政体系。2019 年，复旦大学推动"三全育人"综合改革试点工作，发布《复旦大学课程思政攻坚行动计划实施方案》，开创了课程育人工作的 2.0 版新局面，在专业思政、医学整体思政、课程思政、教材建设、育人队伍、理论研究等六个方面开展全面攻坚。2019 年 9 月，学校获上海市高校课程思政改革"整体领航校"称号。

目前复旦大学课程思政建设已做到两个"全覆盖"：一是课程思

政示范课程覆盖所有院系专业，全校在建近 300 门；二是课程思政示范专业试点覆盖所有哲学社会科学院系，同时从信息学院与化学系开始向理工科专业逐步推进。学校医学教育形成"1＋2＋9＋50"（1 门示范课、2 门导论、9 门核心课、50 门人文医学课程）的人文医学课程体系，以课程建设、实践基地、理论教材三位一体推进医学整体思政。从开始布局到今天，短短的五年时间，复旦大学课程思政建设取得耀眼的成绩，形成了完整的体系和卓有成效的系统。可以说，课程思政已经成为复旦大学思想政治教育的一张闪亮名牌。

课程思政是新理念新形式，其根本目的在于"育人"。能不能"育人"以及能不能好好"育人"是检验课程思政成效的唯一指标。复旦大学的课程思政之所以做的成功，就在于它立足于专业、扎根于学生、落实到现实。结合不同专业课程的教学特点和育人要求，坚持问题导向和效果导向，积极探索适合各学科专业的课程思政内容和方法，增强课程思政针对性和亲和力。课程思政形成的育人合力已经成为复旦大学思想政治理论课改革创新的强大推力。

三、用好思想政治理论课慕课教学模式

复旦大学在思想政治理论课慕课教学上是先行者和引导者。全国首门高校思想政治理论课慕课——"思想道德修养与法律基础"课就是由上海高校课程共享中心组织，复旦大学牵头，近十所高校联合共建。慕课指的是开放式的在线教学资源，通常以视频或课堂实录的形式呈现，但这门慕课与一般意义上的慕课不一样，它"是一门以慕课形式推出的多校共建与共享的课程，它以混合式教学、翻转式课堂为基本特征，因此也被称为混合式慕课和中

国式慕课"①。复旦大学推出的"混合式"慕课或说"思修共享课"将课程大纲内容精炼为若干部分，由来自于不同高校的23位教师分别讲授自己最擅长的内容，浓缩出36学时的在线课程。每一个视频控制在20分钟。因为每一个参与视频录制的老师都只讲自己的专长，因此慕课视频呈现出各异的知识结构、教学风格与思维方式，令人移步换景，耳目一新。

　　复旦大学思想政治理论课慕课教学内容紧跟社会热点和现实需要，取得了显著成绩，并在关键时期发挥了突出作用。2020年新冠肺炎疫情暴发，为了落实停课不停学，复旦大学各单位按照学校要求，细化落实在线教学准备与实施的各个环节，保障了在线学习与线下课堂教学的同质等效。各门课程着力结合课程内容，在教学设计、课件制作、线上讨论、案例收集等各个环节中有机融入思政元素。坚定战胜疫情信心，教育学生在疫情阻击大战、疫情防控大考中读懂中国之治，与思政课程同向同行。为了满足社会各界对新冠肺炎疫情下经济发展的普遍关注，经济学院推出由名师担纲主讲的"疫情与经济"系列主题课程，分析了新冠疫情对国内外经济造成的影响，解读我国为有序推进企业复工复产、实现疫情防控和经济社会发展所制定的一系列财税金融政策。化学系王全瑞教授结合"烯烃的化学性质"这一知识点，深入讲解了医用防护服、医用口罩等抗疫防护用品核心材料聚丙烯的化学结构和制备方法、工艺，以及医用口罩灭菌所普遍采用的环氧乙烷的制备和性质。针对雷神山、火神山医院的"中国速度"热点，计算机学院的徐志平用虚拟现实

---

① 王桃珍，高国希：《思想政治理论课慕课建设实践与思考——基于复旦大学"思想道德修养与法律基础"课慕课的探究》，《思想教育研究》，2017年第6期。

技术向学生们展现了医院如何进行模块化组装的形式构建，以最生动的案例，让同学们上手建模工具，加深学生对知识点的理解和运用，同时树立起民族自信心和自豪感。

总之，复旦大学思想政治理论课慕课教学创新形式，盘活了线上教学和线下教学两种教学方式，充分发挥了慕课教学的功能。当然，形式很重要，内容更关键。"思想政治理论课是一门理论性课程，它最重要的功能是用理论内容去武装学生，用理论魅力去感染学生，用理论力量去征服学生。理论内容是课程教学的根本。"[1] 慕课教学始终把准社会需求和时代脉搏，始终因时而进更新手段和教学内容，保证了思想政治理论课与学生同向成长、同步发展。这是复旦大学思想政治理论课能够不断提升实效性的重要原因和重要经验。

第三节　北京大学思想政治理论课教学模式

北京大学向来重视思想政治理论课教学及其改革创新，自 20 世纪 90 年代以来，教学的改革探索从未停下脚步。始终致力于利用和发挥理论研究、理论创新方面的独特优势，用深厚知识与强大力量探索思想政治教育的新路子、新方案。北京大学思想政治理论课结合时代主题，贴近现实生活，贴近青年学生实际需求，注重授课内容与时俱进，走在了时代潮流前沿，探索出思想政治理论课创新教

---

① 顾钰民：《高校思想政治理论课发展和建设的四个基本关系》，《思想理论教育导刊》，2015 年第 1 期。

学模式。

一、紧密围绕学生关切

思想政治教育工作就是做人的工作。高校开设思想政治理论课的根本目的在于"育人","人"是一切问题的核心。理论如果离开了实践，脱离了实际，就会是灰色的，就会失去其活力与生命力。如果思想政治理论课大讲理论，却不能解决学生的困惑、回应学生的关切、培育学生的思想，就一定是不成功的。作为思想政治理论课教师，应当准确把握学生的思想困惑，勇于应对各种错误思潮，善于破解关键理论问题。北京大学思想政治理论课牢牢把握思政"育人"这一条生命线，紧密围绕学生关切，把"为谁培养人，怎样培养人，培养什么样的人"问题落到了实处。贴近学生，理解学生的诉求，回应学生关切，帮助他们解决成长成才过程遇到的各种问题，是北京大学思想政治理论课教学的探索方向和突出优势。

为了了解学生的关切，思想政治理论课教师们改革课堂教学，强调学生的主体性，马克思主义学院宇文利教授主持的国家级精品课"思想道德修养与法律基础课"采取授课加讨论的方式，让学生充分地参与到课堂教学中，充分发表自己的意见，以此来回应、解释学生们的现实关切。此外，还组织主题辩论赛、课件大赛、成长沙龙等大学生喜闻乐见的活动，聚焦理想、青春、爱国主义及社会热点问题。值得一提的是，北京大学探索出了把思想政治理论课与学生的专业需求相结合的方式。比如北大元培学院、法学院等院系的部分专业会单独开思想政治理论课供本专业同学选修。和本科公共思想政治理论课相比，选修的思想政治理论课专业性更强，涉及法理的部分更多，专业特色更加鲜明。把思想政治理论课与专业知识需求结合起来，能够有效提升思想政治理论课的亲和力。

当代大学生知识面宽，思维活跃，收集和获取知识信息的渠道多且便捷，他们对一些历史问题或社会问题的看法多样，很多思想政治理论课上的内容以及讨论难以满足他们的要求。为了弥补大班教学中师生互动不足、学生参与不够的缺陷，在大班教学之外，北京大学马克思主义学院安排了思想政治理论课教师定期访谈时间，接待前来咨询和探讨问题的学生，帮助他们答疑解惑，了解他们所思所想。同时还进行了多场讨论、调研，搜集整理学生关于思想政治理论课的教学建议，并召开座谈会倾听学生的感受、意见和诉求，个别征求或座谈听取几十个助教对教学情况的反馈等。通过这些方式全方位掌握学生的需求信息，为针对性教学提供明确方向。

二、丰富创新教学方式

北京大学思想政治理论课教学一直在教学方式探索和创新上下功夫，努力用各种新方式搞活课堂。辩论赛、课堂展示、小组讨论等方式的灵活运用使学生对思想政治理论课的参与度不断攀升。教学形式从不简单化一，而是以特色和需求为导向，格外强调针对性。经典研读、史料采集、实践报告、课程辩论等形式与四门思想政治理论课的特色紧密结合，发挥所长。慕课、微课等多媒体形式让思想政治理论课"改头换面"，抛掉了授课形式古板陈旧的帽子。值得一说的是慕课教学模式。北京大学思想政治理论课慕课教学起步早，成效好，经验可以借鉴。

北京大学思想政治理论课慕课坚持理论为本、内容为王、问题导向、形式创新的教学理念，由北京大学马克思主义学院 25 名中青年教师集体倾情打造。从 2018 年秋季学期开始，目前已经在"中国大学慕课"平台开设 5 期，学习者高度认可，取得良好效果。马克思主义学院根据学校特色、要求和资源条件，充分贯彻线上"大班上课、小班讨论"的精神，确定了"观看慕课视频＋自主学习资料＋教师在线答疑＋师生论坛讨论"的"四位一体"线上教学模式。慕课教学管理有序，系统明确，各课程教学团队定期在北大教学网发布课程通知，上传课程学习的相关电子资料。学习本周课程后，学生如有疑问或想法，可以到北大教学网该课程的讨论区参与讨论，或通过邮件、微信联系本班助教。本班主管教师、主讲教师根据慕课课程进度，及时查看并回应北大教学网上同学们的留言和讨论。这些程序保证了慕课教学的有效性。

同时，慕课教学紧跟形势。2020 年新冠肺炎疫情期间，学校要求各院系充分利用线上教学优势，信息技术与教育教学深度融合，进行教与学改革创新，推进学习方式变革，实现延期不返校，延期不停教，延期不停学，延期不停研。教师利用直播授课、录播授课、慕课授课、研讨授课、教师授课等多种教学方式，开展线上教学，导师开展远程指导，学生灵活自主学习。为更好服务北大学生和校外学习者的学习，马克思主义学院在华文慕课网推出慕课"思政热点面对面——习近平新时代中国特色社会主义思想关键词解读"，共18 期，每一期均围绕习近平新时代中国特色社会主义思想中的一个关键词，如中国梦、新发展理念、美丽中国、全面从严治党等展开。课程采取对话讨论方式，由 8 位中青年学者担纲。每一课均有一位马克思主义学院教师与三位同学参与。课程坚持问题导向，不回避疑难问题。课程坚持内容为王，用深刻理论回应热点难点问题，用生活的语言来表达厚重的思想，展现了思想政治理论课的魅力。

三、充分用好第二课堂

充分用好第二课堂是北京大学思想政治理论课不断推进教学模式的创新升级与跨越发展、切实提升课程实效性与吸引力的有力举措。北京大学思想政治理论课鼓励和支持学生走出教室小课堂，走向社会大课堂，将大课堂教师授课同小课堂小组讨论以及课堂之外的实践、读书、交流活动结合，用红色景观体验研习、文艺作品征集、主题实践活动等形式发挥第二课堂的作用。为发挥示范和鼓励作用，北京大学院系教师和助教带队指导14位党委书记、院长在田间地头授课，于革命老区、改革前沿基层一线开展思想政治理论课，实践教学足迹遍布全国30多个省区市。北京大学思政实践教学是"真枪实弹""真抓实干"。

2020年，为了落实思想政治理论课实践教学，盘活第二课堂，马克思主义学院作为主讲单位，教务部作为主管单位，校团委作为执行单位，在总结思政实践课程建设经验基础上不断完善课程实施方案，聚焦课程主题设置、任课教师队伍建设、基地建设等各个方面，着力于夯实基础，提高实效。具有代表性的如2020年暑期考古文博学院师生将走进福建泉州等古代"一带一路"沿线关键节点地区，开展系列主题思政实践、社会实践。① 艺术学院赴南京市江北新区开展以"探江北创新路，聚青年强国力"为主题的思政实践课程。实践团先后去到侵华日军南京大屠杀遇难同胞纪念馆、南京博物院、南京工运革命纪念馆进行实践学习，深入了解中华民族近代

---

① 《考古文博学院师生赴河南淮阳开展"文化育人、文明探源、文保扶贫"主题思政实践》，北京大学新闻网，http://news.pku.edu.cn/xwzh/144ed66d993b497dab0eb5f06ed72a71.htm

史的苦难历程和早期中国共产党领导人的先进事迹，让同学们更加坚定了铭记历史、不忘过去、珍爱和平、振兴祖国的信心与决心。①环境学院立足已有的北京通州、福建长泰实践基地，开拓广西横县实践基地，结合当地的特色情况，从环境学院的专业特点出发，协调学生线上线下开展情况，确定广西横县思政实践课程团和北京通州思政实践课程团，采取线上、线下相结合的方式，聚焦"横县新生态，城乡新环保"，对应"脚踏祖国大地，聚焦时代命题"主题。② 通过扎实的社会实践，第二课堂作用被充分发挥，学生们在工厂里、田野中、山林里、纪念馆中切身感受历史、文化的熏陶，受到了在课堂教学中前所未有的思想启迪和精神启发。思想政治理论课的"育人"价值因此得以彰显。

第四节　中国人民大学思想政治理论课教学模式

中国人民大学作为马克思主义理论学科的研究高地、高校思想政治理论课建设的示范基地，历来重视思想政治理论课教学模式的改革创新，把思想政治理论课建设的改革与发展作为重点工作抓，紧紧围绕培养社会主义合格建设者和可靠接班人这个根本任务，积极推进中国特色社会主义理论体系进教材、进课堂、进学生头脑，不断增强思想政治理论课教育教学的针对性、时效性和说服力、感

---

① 《五条主线引领实践 北大青年继续前行》，北京大学新闻网，http：//news. pku. edu. cn/xwzh/dc8ae6e1b6174f019923a75fb8292530. htm
② 2020 年思政实践课程环境科学与工程学院. 2020 年广西横县思政实践课程团行前动员会举行［EB/OL］. 北京大学新闻网，2020－08－10.

染力，充分发挥思想政治理论课在人才培养体系中的基础作用、核心作用和引领作用。通过不断探索，中国人民大学思想政治理论课已经形成了"一体两翼"的思想政治理论课教学模式。"一体"是系统讲授、专题教学、实践教学的"三位一体"，"两翼"是"研究型＋互动型"教学模式。①"一体两翼"教学模式的形成得益于中国人民大学在思想政治理论课建设上不断夯实基础、大力打造资源平台、有效推进实践教学。

一、不断夯实基础

中国人民大学历来重视为思想政治理论课的创新与发展提供强有力的宏观保障，学校各级领导切实承担起对全面统筹规划的职责。学校坚持各级领导听课、授课制度，每个学期，他们会走进思想政治理论课课堂"督教""督学""督政"，亲自把关教学质量和管理水平。学校着力建设一支精英的思政课教学团队，不断拓展思政课教师职业发展、学术科研的途径，并在严格准入制度、确保师资质量的前提下，重点加强思想政治理论课教师队伍建设，进一步加大对思想政治理论课教师特别是中青年教师的扶持和培养力度。②

为夯实师资基础，中国人民大学严之又严。学校已经建立了比较完善的教研室工作条例、集体备课制度、听课制度、教学内容和质量监控制度、教学检查和评估制度。除此之外，学校为保证思想政治理论课教学工作的正常运转和教学质量的提高，还设有教学督导制度、教学评估制度、听课制度。第一，教学督导制度。学校聘

---

① 打造让学生真心喜爱终身受益的思政课 [EB/OL]. 人大新闻，2017 – 12 – 09.
② 打造让学生真心喜爱终身受益的思政课 [EB/OL]. 人大新闻，2017 – 12 – 09.

请长期在教学一线的教学经验丰富的离退休教师为教学督导员，深入课堂听课，根据考核的各项指标对讲课教师进行考核；第二，教学评估制度。学校一直坚持对思想政治理论课所有课堂的教学质量进行全面评估。每学期末，对每一位思想政治理论课教师进行综合测评，即由学生直接根据教师的课堂表现及教学效果进行打分，评估成绩在全校公布，并直接与教师职称、津贴挂钩，教师课堂教学质量考评成绩 = 学生考评成绩 × 70% + 院系考评成绩 × 30%；第三，听课制度。每学期，马克思主义学院领导和教研室主任都要深入思想政治理论课课堂听课，直接与授课教师和学生交谈，及时了解、分析和总结教学经验教训。

二、大力打造资源平台

2016 年中国人民大学获批成立"北京高校思想政治理论课高精尖创新中心"。这个中心被打造成为马克思主义理论文献平台、思政课教学资源平台、数字化教学平台、大学生思政教育评估中心以及大学生舆情监测平台。中国人民大学通过建设马克思主义理论研究和文献支撑平台、思想政治理论课教学资源共享平台、思想政治理论课数字化教学平台、大学生思想政治教育质量评估平台和大学生思想动态调查分析平台，举办思想政治理论课"名师讲坛"、思政课"青椒论坛"，为高校思政课教育教学提供全方位、立体化服务。打造这些优质的资源平台是中国人民大学思想政治理论课教学改革和发展的工作重点，也是难得的助力。

五年来，高精尖创新中心依托中国人民大学马克思主义理论学科"集群"优势和北京高校人才、资源、技术优势，打造了一系列重要资源平台，平台建设与时俱进，力争时效。比如 2020 年新冠肺炎疫情期间，中心第一时间打造了疫情防控公开课等特色项目，依托中心建设的全国高校思政课教师网络集体备课平台，在疫情防控期间为"停课不停教、停课不停学"提供了重要助力，在网络上引领、在媒体上发声、在直播中亮相、在行动中践行，真正达到了把思想政治理论课教学优势转化为支持抗疫的强大力量、把全民抗疫真实故事转化为思想政治理论课的鲜活素材的效果，形成了与全国高校思想政治理论课教师一起共克时艰、在线战疫的良好局面。

中国人民大学的高精尖创新中心打造的系列优质资源平台使教师可以根据学生"口味"挑选"食材"、烹饪思政"大餐"。思想政治理论课混合式教学的实施和实效的保障最需要大量的教学资源作为基础，高精尖创新中心就这个方面来说已经起到了不可低估的作用。高精尖创新中心正朝着共建共享的方向努力发展，将为全国高校思想政治理论课教育教学改革创新贡献更大力量。[1] 这同样也将进一步增强中国人民大学思想政治理论课教学的强大能量，发挥思想政治理论课教学改革创新的"人大效应"。

三、打通第一课堂和第二课堂

中国人民大学着力于完善思想政治理论课的"第一课堂"，在提优上下了一番大功夫。如坚持教学帮扶，开展教学示范活动，设计教学内容，把好课堂内容的质量关，创新教学模式等。与此同时，把关注点放在"第二课堂"建设上。"思想一旦脱离现实，就有失

---

[1] 《深化新时代学校思想政治理论课改革创新现场推进会走进人民大学》，人大新闻，https：//news. ruc. edu. cn/archives/301395

去活力和生命力的危险。思想的生命活力归根到底来自它所反映的社会实践，因而最能激活思想的就是现实因素。"① 因此，在完善"第一课堂"的前提下，中国人民大学的思想政治理论课格外重视"第二课堂"建设，有效把"现实因素"之活水引流到思想政治理论课教学的广袤"田野"中。注重把第一课堂和第二课堂打通，注意把专业教学中的东西和社会实践、专业实习有机结合起来，把校内和校外打通。注重关注社会热点问题，坚持以社会重大问题为思想兴奋点、关注点，让思想政治理论课教学更具针对性。为了让思想政治理论课更好地走进学生生活，走向学生心里，中国人民大学马克思主义学院的杨子强老师把思政课堂延伸到校外，打造行走的课堂，在课前带领学生们进行街头调研，亲身实地考察 12345 市民服务热线，与工作人员进行面对面的沟通与交流，充分利用好新思想在实践当中的鲜活案例，让学生们对党的理论有了更加直观的认识和思考。

为了更好地把"第一课堂"和"第二课堂"融通起来，中国人民大学思想政治理论课进行了一系列尝试。具体来说，第一是理论与实践相结合，教学内容贴近学生、贴近生活、贴近实际，与时俱进地用马克思主义中国化的最新成果武装大学生，层次深入，切实回答、分析现实的理论和实际问题；第二是教学方法和教学手段多样化，加强社会实践环节、推进多媒体教学、实施精品课程等多样化方法和手段，极大提高了思想政治理论课的教学质量和效果；第三是全方位、多角度促进课程体系科学化建设，在鼓励教师熟悉原著和党的重要文献的基础上，开展调查研究，探寻教学规律，建立

---

① 《让思政课更有亲和力》，《人民日报》，2019 年 4 月 11 日。

思想政治课与相关专业课之间的联系，使课程体系更加趋于科学化、涉及的内容更加广泛、层次更加深入。第四是以质量评估为保障，努力开创思想政治教育理论课教育教学新局面。

第五节　武汉大学思想政治理论课教学模式

近些年，面对新情况、新形势，高校思想政治理论课教学改革成为一个必然趋势，不少高校都结合自身校情进行了一系列探索，取得了可圈可点的成绩。面对课程改革压力和创新趋势，武汉大学毫不落后，也积极探索，启动了思想政治理论课质量提升计划。坚持以问题为导向，加强互动式和实践式教学，挖掘本地优秀历史文化资源，充分利用网络技术，用慕课形式来激发课堂活力，更好地发挥教育引导功能，大力推进思想政治理论课的改革和创新。其中一些经验颇有特色，其思路和方法值得借鉴。

一、做精做强慕课教学

当今时代是信息化的时代，是教育教学手段不断丰富创新的时代。武汉大学抓住时代机遇，应对时代变化，探索慕课授课新形式。2016 年 9 月 26 日，由武汉大学马克思主义学院打造的 4 门思政课慕课在国家级慕课平台"爱课程"网正式发布。"短短 24 小时之内，选课人数就突破 1.3 万，且呈持续增长趋势，目前已达 5.6 万。其中不少是校外学习者，有在校学生、在职教师，也有毕业多年的社会学习者，以在校本科生居多。武汉大学思政课在全国刮起一股慕课学习的旋风。"① 武汉大学思想政治理论课慕课特色表现在 4 门课程同时上线、教学团队实力雄厚、兼顾教材内容和课堂需要。

为更大程度用好慕课教学平台，武汉大学思想政治理论课对此进行精细化设计。在线上，慕课讨论区有"向老师提问"和"学员互动"两个板块。不少学生在这里抛出问题、分享经验。学习者提出的问题要求老师必须在 24 小时内作答，课程上线后，各课程教研中心组织以年轻教师为主体的运维团队，负责在讨论区与各类学习者沟通，尽量做到及时、充分回答。课程教研中心也鼓励主讲教师上线回复学习者的提问，为大家答疑解惑。为了方便与学习者更好更快地交流，创建了"武大思政 MOOC 学习群"，每个学习者都可以在这里交流互动。在讨论区中发言、在 QQ 群里在线答疑，避免了传统课堂教学中的"不好意思"，使学习交流更便利、更入心。

除了上线慕课教学视频外，武汉大学在研讨、组织、活动方面也下了大功夫。2017 年 3 月，武汉大学与北京大学等 12 个单位合作组建全国高校思想政治理论课教学信息化联盟。4 月，湖北省教育厅下发《关于推荐使用武汉大学思想政治理论课在线开放课程教学资源的通知》。此外，武汉大学还定期举办"湖北高校思想政治理论课混合式教学模式培训与研讨会"，以研讨会的形式探讨如何完善思想政治理论课混合式教学模式。与此同时，在教育部社科司的指导下，武汉大学还主办全国高校学生微电影创作大赛等活动，引导学生运用微电影的方式表达对思想政治理论课教育教学的需求、期望与思考，"有力地推进了新媒体新技术与思想政治理论课的有机融合，调

① 《武大思政课在全国刮起慕课旋风》，武汉大学新闻网，http：//news. whu. edu. cn/info/1002/47153. htm

动了学生学习的主动性和创造性"①。这些努力为武汉大学成为全国思想政治理论课混合式教学改革创新的领军者打下了牢不可破的基础。

二、注重教育教学水平整体提升

教学说到底是内容为王，没有优质的内容，教学效果根本无从谈起。增强教学效果，要从优化教学内容上着手。武汉大学对此有着深刻认识和经验。武汉大学将马克思主义理论一级学科纳入学校"双一流"学科建设计划，与湖北省委宣传部等单位共建"马克思主义理论与中国实践"协同创新中心。"在马克思主义学院统一组织下，建立以马克思主义理论一级学科各相关二级学科为支撑的思想政治理论课各门课程的课程组。由学科带头人担任课程组负责人，统筹规划学科建设和课程建设，并把课程建设和教学方法的改革作为学科建设的重要内容，以学科建设的成果助推思想政治理论课质量的提升。"② 此外，还在全校范围内评选优秀思想政治理论课教师，开展思想政治理论课教师社会实践活动，选派思想政治理论课教师分批研修，加大对教师的培养力度。从而推动学科优势和教学优势双强化，通过学科优势反哺课堂教学，以学科建设支撑课程建设，用课程建设检验学科建设，学科建设与课程建设相互支撑、共同为立德树人发力。

武汉大学在思想政治理论课课堂教学方法上进行了具有针对性

---

① 《深化思政课改革 全面提升思政课教学质量和水平》，中华人民共和国教育部，http：//www. moe. gov. cn/jyb_ xwfb/xw_ zt/moe_ 357/jyzt_ 2018n/2018_ zt01/zt1801_ gxjy/201801/t20180124_ 325449. html
② 《深化思政课改革 全面提升思政课教学质量和水平》，中华人民共和国教育部，http：//www. moe. gov. cn/jyb_ xwfb/xw_ zt/moe_ 357/jyzt_ 2018n/2018_ zt01/zt1801_ gxjy/201801/t20180124_ 325449. html

的创新，推进多元立体综合教学方法改革。加强思想政治理论课教师集体备课，组织课程组开展集体观摩，课堂开设坚持与时俱进、因事而新。鼓励教师创新教学方法，针对"马克思主义基本原理概论"课程性质，专门设立了"互动式教学模式探讨"试点项目。对于"思想道德修养与法律基础"课程，更是在课堂内容和教学环节设计上用了心思。比如该门课程的主讲教师在讲授"大学生的恋爱观和婚姻观"时，并没有干巴巴讲教材内容，而是通过课堂讨论、课堂角色扮演、小组口头报告、课堂活动、课堂讲述等"组合方式"展开教学。将刚进入大学的男生女生搭配成小组，发挥他们学习的主动性和积极性，让他们课后查资料和进行讨论，形成 PPT 后上台讲解。这种课堂展示活动，既能让学生对"婚姻与爱情"这一人生重大问题有更加深刻的理解，又能让他们体会团队合作的力量。更值得一提的是，武汉大学思想政治理论课还针对文理科学生不同的学习方式和兴趣，精细化设计不同专业的教学方法和手段；根据大课堂与小课堂教学的不同特点，建立不同规模课堂教学的具体模式。

三、用好实践教学手段

为提高思想政治理论课教学实效性，武汉大学积极探索理论教学与实践教学、第一课堂和第二课堂相结合的混合式教学模式。"邀请党政领导干部、著名专家学者，来校为学生做形势与政策报告。邀请老红军、老战士进思想政治理论课课堂。充分运用珞珈红色文化资源加强党史校史教育。"[1] 整合各种资源，用先进课程和教学理

---

[1] 《深化思政课改革 全面提升思政课教学质量和水平》，中华人民共和国教育部，http：//www. moe. gov. cn/jyb_ xwfb/xw_ zt/moe_ 357/jyzt_ 2018n/2018_ zt01/zt1801_ gxjy/201801/t20180124_ 325449. html

念引导思想政治理论课程教学，以教学方法和手段的改革为突破口，采用最新教学手段和合适教学方法提升教学水平。把课堂教学与课外的知识竞赛、征文活动、演讲比赛、辩论赛、参观考察、暑期社会实践等第二课堂结合起来。其中，尤其重视社会实践第二课堂的育人作用。

实践，让内容更丰富。为了让学生在实践中感受课程真正的内涵，体悟历史的变迁和社会发展的过程，思政课各课程都把社会实践当作重要抓手。"毛泽东思想和中国特色社会主义理论体系概论"课程鼓励学生走出课堂和校园，进行实地考察和亲身体验，比如到武昌农讲所、石门峰名人文化公园、武汉抗战纪念园等红色历史景点参观；观看"我看反腐败"视频；到街道采访老党员，请他们评述当下反腐败的成绩等。"中国近现代史纲要"课程利用武汉极大的区位优势，充分把武汉地方历史资源融入教学，鼓励学生实地考察江汉关与洋行、外资银行、公书林、两湖书院、武汉大学"六一惨案"纪念亭、八七会议旧址、中共五大旧址等历史遗存，使学生直观感受看似遥远的历史，"近距离感受英法旧式建筑的历史气息，触摸一砖一石的历史纹路，时光仿佛拉回到 19 世纪中叶，汉口租界上的尘封事迹在眼前重现"[1]。当然，实地考察不是"旅游"，而是"学习"。老师们对实践教学进行了设计，学生以团队合作方式实地探访，收集文献，提交论文，制作 PPT 课堂分享，由任课教师总结点评、学生反馈。由此实现了理论教学和实践教学的融通。

---

[1] 《思政课堂亮起来》，武汉大学新闻网，http：//news. whu. edu. cn/info/1002/47538. htm

第六节 东北师范大学思想政治理论课教学模式

东北师范大学一直以来积极探索思想政治教育工作新方法，在校党委高度重视、马克思主义学部全体教师共同努力之下，学校的思想政治理论课教学改革取得了显著成绩。东北师范大学思想政治理论课在国内率先开创了专题式教学，并构筑了"文化思政""日常思政""课程思政""网络思政""学科思政"多元一体的思政育人模式。这些改革措施中不乏首创性，在探索实践中所形成的经验很实际，值得总结和参考。

一、大力推进"日常思政"建设

把思想政治教育融入学生日常学习和生活的每个角落是东北师范大学思政课的特色。东北师范大学以学生成长成才为本，聚焦学生价值导向、发展取向和需求指向，把思政教育渗透到第二课堂。东北师范大学秉持着思想政治理论课是鲜活的课，是活泼的课，不是听枯燥理论的课的信念，坚持以多种多样的形式丰富教学，满足学生的需求和期待，从而提升亲和力。在此理念指导下，东北师范大学开创了"日常思政"教学模式。

一方面，推进学生"日常思政"工作落地生根。东北师范大学定期开展如"马克思主义经典品读大会""真理的力量"大讨论等具有鲜明针对性的活动，组织学生党员骨干开展红色体验实践活动，推动理论的入脑入心，引导学生将爱党爱国之情内化于心、外化于行。组建"理想与成才"报告团，组织全校颁奖典礼及巡回报告会，

"在全校范围内掀起树理想、共成才的热潮，让崇尚优秀、学习先进成为东师学子的风尚和追求"①。此外，解决学生最迫切需要解决的现实问题。东北师范大学"紧扣思想政治教育针对性这个重点，把握学生成长规律，破解成长实际难题，着力研究学生心理、就业创业、困难生资助等问题"②。不断完善"精智就业"模式，不断研发市场潜力评估模型，建立横纵联合的市场开发模式；改版升级用人单位招聘系统，开发就业互选平台与数据分析平台，提供更精准的信息服务。学校竭力做好资助工作，推出全新的困难生量化测评模型，引领了全国困难生认定工作的智能化发展；积极抓好励志教育、诚信教育和知恩感恩教育，充分发挥资助工作的育人功能。

另一方面，持续促进"日常思政"教学模式提质。东北师范大学积极做好"四个一"工作模式，实现对学生进行教育引导的常态化和制度化。还通过开展"民族团结一家亲"等系列活动，培育优秀少数民族学生典型，推进融合式教育。此外，"为应对近年来高校学生心理危机事件，学校建成并优化学生心理发展中心新场地环境，开设"大学生心理健康"慕课，组织开展系列活动，深化与长春市心理医院合作联动，为教育对象提供更专业的服务，引导其培育理性平和的健康心态"③。与此同时，东北师范大学在"日常思政"的专业化水准提升上下了不小的功夫，探索了理论与实践融通发展新机制。比如通过思想政治教育研究院平台，与国际十余所世界百强

---

① 《坚守立德树人初心使命 构建"大思政"育人格局》，东北师范大学新闻网，http：//www.nenu.edu.cn/info/1193/11317.htm

② 王占仁：《大学生日常思想政治教育的实践创新研究—以东北师范大学为例》，《思想教育研究》，2015年第7期。

③ 《坚守立德树人初心使命 构建"大思政"育人格局》，东北师范大学新闻网，http：//www.nenu.edu.cn/info/1193/11317.htm

高校的顶尖科研机构，建立了合作关系，聘请有关学者长期驻校讲学，为学生思政工作提供了高端智库。从而保证"日常思政"在稳定发展的基础上更具品质。

二、开辟专题式教学模式

"05方案"将原来文科7门、理工科6门的思想政治理论课，统一调整为4门必修课。调整后，虽然课程门数减少了，但内容并没有减少。为解决缩减课时与教学内容过多的矛盾，东北师范大学在国内率先研究，根据课程中的基本理论，提炼出重点和难点，并以问题为核心、综合教材内容后整合开辟了专题式教学，把4门思政课程作为一个整体来统筹，设计了45个专题，使教学从原来注重知识体系的完整性，转向注重专题教育的针对性。专题式教学，"将教学目标的实现，学生思想层面存在的理论困难、现实困惑与教学内容设计紧密联系在一起，主题鲜明、重点突出、教学针对性强，很好地解决了课程的吸引力问题"①。从专题设计的版块来看，这种方式非常具有针对性和现实性。从教学效果来看，专题式教学顺应了学生的身心特点和需求期待。此外，东北师范大学还开设了一些思政类选修课，把专题式教学做得更有声色。

为丰富思想政治理论课内涵，提升思想政治理论课品位，东北师范大学开创了"文化思政"专题式教学。学校层面高度重视，统筹规划，对相关文化活动进行了精心设计，有论坛报告、表演和推荐书籍等多种形式。为了调动各学院的积极性，学校实行了学院文

---

① 《思政课也能"活"起来——东北师范大学思想政治理论课改革有实效》，《光明日报》，2013年7月4日。

化试点建设和招标式管理模式，让各学院结合自身的专业特色举办文化活动。比如"文学院曾把中外经典名著通过学生自编自导自演的方式搬上舞台；历史文化学院的百部经典阅读工程开展了《论语》《老子》等名篇背诵活动；体育学院创立了八极拳、太极拳、舞龙舞狮等具有武术文化的特色俱乐部"①。这些具有专业特色的"文化思政"专题式教学调动了学生的"胃口"，使学生在文化活动的参与过程中潜移默化接受思想政治教育的洗礼。

东北师范大学的"文化思政"专题教学具有整体性、系统性、规划性和生动性。学校党委立足民族优秀传统文化和校本文化，以社会主义核心价值体系为核心，通过一系列活动载体，弘扬民族精神，培育科学精神，凝铸东师精神，传播大学精神，构建起了大学文化建设体系。其中具有代表性的文化活动有：开展承绍高风——文化名人东师论坛活动，邀请国内有影响的专家学者、社会名人来校，解读中华民族优秀传统文化内涵；尔雅东师——传统文化论坛，通过文化经典解读、古典名著赏析、传统曲艺赏评、精品书画鉴赏，开阔师生视野，提升师生人文素养；开展英模人物东师行、科学家东师行活动，邀请国内外知名学者，以访谈的形式，讲述对科学精神的理解、感悟与实践；出版"文蕴东师"系列丛书；通过"情系东师"报告会活动，挖掘东师精神，展现东师人的品格和风貌；建立科技文化下乡基地，整合学校现有各类资源，到农村去科技支农、科技兴县；进行文化产品的挖掘、开发和输出。通过这些形式把思想政治理论课专题式教学做出了实效，也做成了"东师品牌"。

---

① 《坚守立德树人初心使命 构建"大思政"育人格局》，东北师范大学新闻网，http：//www.nenu.edu.cn/info/1193/11317.htm

三、推动思政课程和课程思政同向同行

推动思政课程和课程思政同向同行是东北师范大学思想政治理论课教学改革的又一值得称道的地方。东北师范大学以立德树人为出发点和落脚点，汇集校内所有哲学社会科学学科一流专家，以重大项目培育为抓手，切实推动学校学科思政、课程思政与思政学科建设同向同行，拉动相关学科全方位建设。首先，找准各专业学科与思政学科的契合点。各学科专家通过对本专业学科与思政学科的梳理，寻找到二者基于共同教育目标导向的契合点，进而找到相和相融的研究机制和具有可操作性的实践模式。其次，将研究融入到教学实践中。在教学实践中对研究机制和实践模式进行实验，将研究落到实处。最后，提炼学理性方案。将在教学实践中所得的内容进行分析总结，反馈给研究项目，进而提炼出学理性方案，教师团队在"研究—教学—研究"过程中，实现教学科研的一体化建设。

为推进专业课的思政教育改革，东北师范大学建立教材育人、课程育人、实践育人、有机联动的育人体系。学校加强哲学社会科学教材审议制度建设，紧跟国家政策要求，建立了"教师—学院—学校"三级责任制。哲学社科科学专业统一使用马克思主义理论研究和建设工程重点教材、思想政治理论课最新版本统编教材。学校划拨专项经费支持思政课和专业课教师教学团队建设。在教育实习和教育见习中，通过基础教育名师论坛、城乡反差式师德体验活动等形式建立师德体验长效机制，培养良好师德师风。学校开展示范课堂建设，强化价值引领和能力养成。此外，还着力于打造支撑学生德智体美劳全面发展的通识教育课程体系，包括第一学年的"引航助力教育"、第四学年的"集成深化教育"通识课程等，促进学

生本科学期间全程能力的提升。其中"新生研讨课"由在各个学科领域造诣深厚、教学经验丰富的知名教授、学者进行授课，内容丰富，形式新颖，深受新生的欢迎。

东北师范大学牢牢抓住课程思政主渠道，建立了以立德树人为圆心，以思政理论课、专业课、通识课为同心圆环的"大思政"课程格局，扎实推进各门课程与思政课程同频共振、相互融入。加强思政理论课改革创新支持力度。划拨专项经费，增设思政课改革专项。专项依托马克思主义学部，开展了一系列改革举措，不断提升思想政治理论课教学质量。"落实党政负责人讲授思政课制度，学校党委常委、学院（部）主要负责人严格遵守思想政治理论课相关课程属性，结合专业特长制定教学方案，实现所有学生、所有思政课程全覆盖。"① 在讲授中创新教学方法和授课形式，综合采用研讨式、启发式教学模式，比如采用不超过 30 人的小班研讨式教学，突出思想导向和价值引领，以大学生关注的重大理论和现实问题为主要讲授内容，每学期至少讲授 11 次思想政治理论课。"大思政"课程格局的建立为东北师范大学思想政治理论课教学开辟了广阔的天地，使思想政治理论课教学实效性的提高有了更多样的、更有力的保障。

综之，本章内容重点介绍了清华大学、复旦大学、北京大学、中国人民大学、武汉大学、东北师范大学等高校的思想政治理论课教学改革创新的成果。它们在思想政治理论课教学改革创新上不断更新思维、走出新路、开拓新境界。清华大学以慕课教学和因材施

---

① 《坚守立德树人初心使命构建"大思政"育人格局》，东北师范大学新闻网，ht-tp：//www. nenu. edu. cn/info/1193/11317. htm

教教学模式最有名，复旦大学首创"混合式慕课"，北京大学在实践教学上极具特色，武汉大学借势武汉地方丰富的历史文化遗存实现了第一课堂和第二课堂的融通，东北师范大学率先开创了专题式教学，并构建起"文化思政""日常思政""课程思政""网络思政""学科思政"多元一体的思政育人模式。这些高校的改革实践自有其自身生发成长的校情土壤，个性鲜明，同时也具有普遍性和共通性，能为全国各高校所采用之处不在少数。比如专题式教学、因材施教教学、慕课教学等都可以在全国范围内推广。

第六章　高校思想政治理论课混合式教学存在的短板

　　混合式教学作为现代信息技术和学习理论支撑下的新教学模式，自产生以来就受到重视，并且不断被运用到教育教学中，取得了令人瞩目的成效。2015 年中央宣传部、教育部下发的《普通高校思想政治理论课建设体系创新计划》中，明确提出了"改革教学方法，创新教学艺术""积极开展高校思想政治理论课综合改革试点探索，鼓励创新教学模式"。各部门和各地各高校认真实施新课程方案，采取一系列重大举措，全面加强和改进思想政治理论课，深入推进中国特色社会主义理论体系进教材进课堂进学生头脑。自此，混合式教学被正式并较大范围内在高校思想政治理论课中运用。就目前的发展情况来看，混合式教学理念已逐步被接受，混合式教学方法不断得到完善，总体趋势一片向好。当然，短板仍旧存在，制约着高校思想政治理论课混合式教学的深入推进、内涵提升和成效落地。

第一节　教育教学理念亟须革新

混合式教学是一种教学组织形式，但说到底还是一种教学理念。理论是行动的先导，理念是实践的前提。有什么样的理论，就有什么样的行动；有什么样的理念，就有什么样的前提。树立新的教育教学理念是思想政治理论课混合式教学改革的出发点。办好思政课的关键点在于解决好培养"人"的问题，人是能动的人，是有主动性、积极性的人，是有个性差异和受条件制约的人，培养好"人"必须从"中心"转变开始，实现由教师中心向学生中心的转变。高校思想政治理论课混合式教学要立足新时代大学生"网络原住民、常住民"的新常态，在学生这一侧实现变革，向需求侧改革发力，关注学生主体性、尊重学生认知特点和认知规律、了解学生关注的热点焦点及思想的困惑等。在教学全过程树立起新理念。

高校思想政治理论课混合式教学模式的实施和实效的保障离不开新的教育教学理念的"助跑"。全国范围内部分高校走在了创新的最前沿，上至学校领导层，下至基层工作人员都在积极进行"思维转换"。但不少高校未能跟上发展"节奏"，教育教学理念还不够革新。当今时代，信息技术日新月异，新媒体快速更新，信息技术的发展和新媒体矩阵的形成对当代大学生的生活、学习、交流、思维方式产生着深层次影响。当代大学生已经不再是传统意义上的"受教育者"，他们性格独立、崇尚自由、主观能动性强；也不再通过单一的课堂教学获取知识，他们获取讯息的渠道非常丰富，知识储备量越来越大，由此产生的个人思考也越来越多，对高校思想政治教育工作创新形成了"倒逼"力量。与这些情况相比较，高校的教育教学理念创新显得"相形见绌"。有些教师视学生上网为"不务正业"，对学生线上学习自信不足，认为网络信息过于混杂，学生"常驻"网络必将受到不利影响，主张思政课教学还得在课堂中进行，对线上线下相结合的混合式教学有所畏忌。有些学校教育教学管理者思维教条、落后，为了应付检查，要求凡事都得留痕，严格规定给学生布置纸质作业、出卷考试、纸质档案留存。这些都成为思想政治理论课混合式教学推进的阻碍因素。

　　面对混合式教学，有些教师和管理者的理念过于"落后"，而有些又过于"激进"。通过调研，笔者发现有一些高校思想政治理论课在运用混合式教学模式上"走得太远"。有些教师把混合式教学模式当作金科玉律、教学创新的"法宝"。认为混合式教学核心理念是尊重学生的主体地位，以学生为中心，所以干脆把学习全部交给学生，教师成了任务发布者。有些教师受了混合式教学线下多元化教学方式的启发，在一次课堂教学中综合使用启发式、研讨式、提案式、合作式等各种手段，这一方面丰富了课堂形式，但也不可避免带来课堂教学流于形式的弊病，很多时候"花哨"的课堂下是知识的被淡化。笔者对一些高校的部分学生进行了访谈，他们反映"课堂很有趣，但没学到知识""各种学习方法轮番使用，好像是以我们学生为中心，实际上我们感觉自己像木偶一样，被老师牵着走"。这些窘境的出现，根源在于教师和教育教学管理者对混合式教学理念理解偏差、执行过激。

　　妥善解决好这些问题是推进高校思想政治理论课混合式教学落地生效的前提。问题解决的关键在于革新教育教学理念。一方面要深刻认识到思想政治理论课教学采用混合式教学手段是顺应信息化时代教育变革的必然选择、必然之举、必然结果。生产力的发展推动着生产关系的变革，信息技术作为新型生产力正在推动着教育领域的创新和优化。科技进步日新月异，互联网、云计算、大数据等现代信息技术深刻改变着人类的思维、生产、生活、学习方式，深刻展示着世界发展的前景。因信息技术的发展，才能推动教育变革和创新。另一方面也要加深对混合式教学模式的认知和理解。首先，要树立整体性思维。思想政治理论课运用混合式教学模式不仅仅是创新教学方法，还要创新教学内容、教学流程、教学结构、考核评价等。其次，要树立与时俱进的理念。不断研究新问题，不断发现新情况，不断因时而进、因事而新。最后，要树立实事求是的理念。没有任何一种教学模式是普适的，需要根据具体情况取其优去其劣、择其善弃其不善、用其长板避其短板。

第二节　有效制度保障尚未跟进

　　混合式教学模式保障了学生的自主性学习，使学生能够根据自己的时间、兴趣和能力自由选择学习资源。而且线上课堂的学习内容主要包括观看小视频、阅读参考文献、在线答题、分组讨论、与授课教师进行互动等。这些内容有助于拓展课堂教学内容，强化学习效果，促进师生之间的良好互动。总体来说，混合式教学在激发学生积极性、发挥学生主观能动性、构建良好师生关系方面比以往的教学模式都更有优势。但自由容易滋生放任，自主难免造成偷懒。线上教学模式在彰显优势的同时，也有不少隐患，最直接的就是线上学习缺乏监管，学习反馈的真实性难以辨别。

　　高校思想政治理论课实施混合式教学模式要求首先在线上教学平台上发布学习任务，学生自由安排时间进行自主学习。这种方式一改以往的师生面对面授课模式，有其便利性、自由性和主体性优势，但对学习的自觉性要求很高，学生能够自觉自主学习，则可以利用好这种优势，若没有足够的自觉性，则优势常常会成为劣势。所以，教师虽然可以通过线上教学平台进行监督，但不少学生学习自觉性明显不足，有些学生为了赶学习进度走量不保质。笔者在调研时，有学生透露自己是边吃饭边看教学视频，还有的学生表示自己利用上厕所的时间完成了学习。除此之外，学生观看视频材料是否认真、网上讨论观点是否抄袭他人，作业是否自己完成等问题都无法获取真实信息。针对这个问题，笔者做过一项调查，超过70%的学生认为在线学习缺乏监督，学习自觉性不够，有近50%的学生认为网上作业容易出现舞弊现象，也有不少学生坦言自己在线上学习时出现过敷衍了事的行为。"不少学生进入网络学堂打开学习资料却不学习，只求刷存在感，以便于在学习平台留下在线学习记录。"① 这些问题真实存在，但却一直得不到很好的解决，原因就在于有效的制度保障未能跟进。

　　混合式教学给高校思想政治理论课带来的是整体性的改变，这一改变包括了考核评价方式。传统的思想政治理论课考核总体上以出题考试为主，对知识性要求高。这种考核方式对于以"思想教育""价值引导"为核心的思想政治理论课而言存在较大弊端，改革考核方式一直以来都是思想政治理论课创新的重要内容。混合式教学理

---

　　① 邓喜道，张彦程：《提升高校思想政治理论课混合式学习有效性的路径探析》，《学校党建与思想教育》，2019年第7期。

念是一个很好的改革思维，但目前创新性的考核评价方式只在部分地区和高校被运用，出题考试方式仍是主流。有部分学生反映"网课就是老师把本来应该在课堂中讲的内容提前录成视频而已，其他的没有什么变化"。学生们的这一认识实际上真实体现了考核评价方面的创新"空白"。评价体系是检验教学效果的重要途径，是课程建设的关键。与专业课程相比，思想政治理论课追求的是确立正确的理想信念和价值观念，并在行动上加以体现，而以往单一的考试形式难以对其效果做出有效评价，因此更需要形成综合的、全面的考核评价体系。"借助混合教学所采用多样化教学手段和平台，实现考核评价的多层次、全方位具有十分重要的意义。"[①] 但是有效的考核评价制度保障目前也处于"缺位"状态。

　　高校思想政治理论课混合式教学要真正得以实施，并取得应有的效果，就必须在一系列制度保障上下大功夫、下实功夫。教师不应像以往那样单单以考勤和卷面分数来判断学生的学习状况，而应全面考核其在各个教学环节的表现，按比例予以综合评价。基于对学习积极性与主动性的重视与对参与教学的强调，教师更应根据学生是否把社会主义核心价值观内化于心、外化于行以及其落实程度来进行成绩判定。当然，教师在考核评价上的转变不是个体行为，而应该建立起制度保障，以制度的形式普遍推行。为了解决学生的"敷衍""刷存在感"问题，相关部门也应该有的放矢，精准施策。充足的经费投入、必要的配套设施、合理的管理制度等是强有力后盾，比如可以确立良性且长效的教学协作机制，"在不同高校之间组

---

① 谢惠媛：《混合教学：推进高校思想政治理论课创新的有效方式》，《国家教育行政学院学报》，2017 年第 11 期。

建课程联盟的同时，解决校内校外优质教学资源的共享、学生的学分互认、学生学习交互式监管等难题，形成协同创新的格局"①。总而言之，只有在制度保障上做实做强，接下来的工作才能行稳致远。

第三节　师资集群效应有待激发

"集群效应"是经济学名词，指的是相同或相关联的产业群体集聚的一种现象。集群可以使资源得到共享，从而实现要素利益最大化。这个理论的核心思想对于思想政治理论课教学改革具有启发意义。混合式教学要更好地服务于高校思想政治理论课，助力立德树人根本任务的实现，单靠一所或几所学校的一小部分教师"小团体作战"是远远不够的。混合式教学对现代教学手段和能够用好现代教学手段且具有创新理念的人都有很高要求，只有建立起较大规模的资源共享平台，形成一支较为庞大的适应和使用现代教学手段的师资队伍，混合式教学才能"成气候"。

毫无疑问的是，思想政治理论课混合式教学实施水平取决于教师能力高低，教师能不能运用现代教学手段以及运用到何种程度关系很大。混合式教学模式说到底就是借助于现代科技手段，录制和剪辑视频、上传视频、论坛或谈论社区管理等都对技术能力有较高要求，这些对教师运用互联网获取教学资源、熟练使用信息化设备、把现代技术手段与理论知识结合起来等能力是一个考验。对于年轻

---

① 谢惠媛：《混合教学：推进高校思想政治理论课创新的有效方式》，《国家教育行政学院学报》，2017 年第 11 期。

的新的思想政治理论课教师来说不是什么问题，但对接触网络较少、年龄较大的老教师来说就是一块"硬骨头"了。笔者通过调查研究发现，受年龄、学历、思想观念等多种原因影响，不少教师在对现代技术的基本运用上已经很欠"火候"，更不用说熟练、灵活运用了。有些教师不能很好地利用互联网获取教学资源，有些教师在整合教材知识和网络教学资源上效果欠佳，有些教师对"雨课堂"等教学手段了解甚少，几乎不用。笔者走访了不少高校，发现一个有意思的现象，即老教师持续"旧"，新教师不断"新"，"新"与"旧"之间既不融合也不冲突。最终带来的结果就是教学创新因规模太小不受重视而逐渐萎缩。这个问题的解决必须依赖于师资集群效应的激发。

学校层面首先应该高度重视思想政治理论课教学改革创新，把混合式教学模式当作重要的探索之路。通过制定政策、完善制度，搭建起教师创新理念、跟上时代、学习进步的平台，用"传帮带""新老结伴帮扶"等方式提高思想政治理论课师资队伍集体的适应性和本领。第一，提升教师的应变能力和理论素养。思想政治理论课是对学生进行系统理论教育的课程，教师的理论素养至关重要。在思想政治理论课混合式教学中，由于学生有更为充分的学习准备和思想准备，一些基础性问题已经在自主学习中找到了答案，留给教师的更多是疑难。需要教师具备更高理论素养。第二，提升教师探索现代教学技术与思想政治理论课教学融合升级的敏锐力。思想政治理论课混合式教学不是一劳永逸、一成不变的，技术一直在更新换代，思想政治理论课教师"应保持敏锐力，利用新的技术给思政课注入新的活力，以思政课新的需求促进技术升级，在发展中不断创新、不断完善"①。第三，提升教师队伍的团队凝聚力。思想政治理论课混合式教学实施过程中，工作量相较于以往大很多，单个教师难以承担从课前布置到课后答疑的繁重工作，将教师职能分工细化，打造思想政治理论课教师团队势在必行。

对于教师自身而言，每一个思想政治理论课教师都应该牢记习近平总书记的"思维要新，视野要广"的要求，努力用新知识武装头脑，用新理论革新自我，用现代教学手段创新教学。思想政治理论课教师一方面应综合运用多种教学方式，把社会实践、讨论、话剧表演、辩论赛等育人要素调动起来，丰富教学环节，多角度、全方位地帮助学生更好地掌握教学内容。另一方面应把握混合式教学模式强调整体性、全面性、系统性的特点，处理好整体和部分、全部和局部的关系，着力解决一些影响教学效果的重要问题。只有每一个思想政治理论课教师都调动起来，形成师资集群效应，贡献智慧合力，混合式教学模式的优势才能被最大限度发挥出来。

第四节　线上平台建设仍要深耕

混合式教学是线上线下相互融通的教学方式，线上教学和线下教学必须打好配合，两条腿走路。混合式教学的基本操作流程是先由教师在线上布置任务，学生完成学习并留下疑难问题，再由教师组织线下交流讨论，加深对知识的理解和运用。线上教学平台为混

---

① 张润枝，梁瑶：《关于推进思想政治理论课混合式教学的若干思考》，《思想理论教育》，2021 年第 1 期。

合式教学提供了重要的支持，教学资源的传送、储存、传播和分享需要依托相应的课程网站或平台，集教学资源展示、师生网络互动、知识建构、单元学习考核、教学评估等于一体。混合式教学对线上教学要求很高，没有一个良好的高效的线上平台，混合式教学是难以支撑的。加强线上教学平台建设是一项重点工作。

"05 方案"很早就提出要大力推进多媒体和网络技术的广泛应用，实现教学手段现代化。建立教学资料数据库，实现资源共享。这实际上为高校思想政治理论课混合式教学早早指明了方向。2018年，教育部印发的《新时代高校思想政治理论课教学工作基本要求》指出，"要深入研究网络教学的内容设计和功能发挥，不断创新网络教学形式，推动传统教学方式与现代信息技术有机融合"，"传统教学方式与现代信息技术有机融合"的要求进一步彰显了线上教学平台建设的重要性。2019 年，中共中央办公厅、国务院办公厅印发的《关于深化新时代学校思想政治理论课改革创新的若干意见》明确强调"大力推进思政课教学方法改革，提升思政课教师信息化能力素养，推动人工智能等现代信息技术在思政课教学中的应用，建设一批国家级虚拟仿真思政课体验教学中心"。从国家宏观政策来看，线上教学平台建设已成必然。但同时也说明虽然混合式教学在高校思想政治理论课教学中实施已有些年头，但线上平台建设仍然是链条中的薄弱环节。

目前，线上平台有一些比较受欢迎，用户体验总体良好。比如慕课、翻转课堂、课堂派等。这些线上平台符合混合式教学精神，丰富了思想政治理论课教学的形式，提高了教学的趣味性和针对性，使学生的主体性地位得以实现。但总体来说，线上教学平台仍存在技术短板。混合式教学线上教学环节依托的在线教学和管理平台软件、硬件和支持系统、配套设备的研发更新比较滞后，存在不少技术漏洞。例如，系统对教师、学生在课程论坛的发帖字数、格式等进行严格限制，导致发帖程序烦琐，一定程度上打击了积极性。此外，网络技术对学生在线学习状况难以做到全程、有效地监控，代课、代答、代考现象一直存在且难以禁绝。同时，"线上平台各大版块、各个栏目内容的更新不够及时，尤其教学视频的录制、剪裁、合成等需要耗费大量精力，花费大量的时间"①，最新的教学内容第一时间进在线课堂基本不能实现。还需要注意的是，目前的网络建设水平跟不上在线教学平台的进步需求。学生主要通过学校 WiFi、手机终端、PC 端登录在线平台进行课程学习，学校网速的快慢、学校多媒体机房数量及开放时间等都对线上教学的开展有较大影响。笔者在访谈时，有学生反映校园网还没有实现全覆盖，网速较低，在进行线上学习时经常出现无法登录账号、网页打开较慢、信号中断等问题。

另外，值得注意的是，线上平台高效的信息筛查和清除功能尚未建立健全。高校思想政治教育做的是大学生的意识形态培育工作，牢守意识形态阵地是思想政治理论课的底线，意识形态工作不允许出现一点点偏差。传统的课堂教学中不存在"逾越底线"的问题，但网络资源极为丰富，鱼龙混杂，什么样的信息都有。网络传播面向大众、开放自由、不易管理，尤其是以"历史虚无主义"为代表的错误思潮借助于网络媒体不断颠覆大学生的正确认知，侵蚀大学生的思想和心灵。有些学生带着猎奇的心态，热衷于搜集一些不尽

---

① 马一：《线上线下混合式教学行动研究——信息技术与思政课教学融合创新》，《教育学术月刊》，2020 年第 7 期。

真实、客观、严肃的奇闻轶事、街谈巷闻在线上教学环节的网络社区、课程论坛版块分享、评论,有些内容极尽伪装,是非曲直难以甄别。这些错误言论一旦散播开来,对当代大学生的影响必定不小。彻底清除这个隐患,必须从深耕线上平台建设着手。

第七章　高校思想政治理论课混合式教学的优化路径

　　混合式教学是线上教学与线下教学有机融合的教学模式，但它绝不是传统意义上的课堂教学和新式网络平台教学的拼接，不是"1+1"的关系。在混合式教学模式下，线下课堂教学和线上平台教学相互配合、合二为一，成为一体两面，二者都需要"改头换面"，以新的理念整合资源、调整策略、重组教学。混合式教学不仅实现了教学形式的混合，比如讲授式、讨论式、研究式、案例式、在线学习、翻转课堂等，还实现了各种教学策略的深层次交互融合。在高校思想政治理论课教学中运用好混合式教学模式其实并不容易，有一些短板需要补齐，有一些堵点需要疏通，有一些弱项需要强化，既要做好线上教学和线下教学"两头"工作，又要做好要素"你就是我，我就是你"的整合工作，总体上协同推进高校思想政治理论课混合式教学增量提质。

第一节　补齐高校思想政治理论课线上教学短板

有了现代信息技术和新媒体的支持，以线上教学为新表现形式的高校思想政治理论课混合式教学才实现了从无到有。线上教学的开展把教师的"教"与学生的"学"从时间和空间的局限中解放出来，随时随地学习、自由自在选择资源的极大优势使学生的主体地位得以保障，学生的学习更加自由、个性，更具针对性。在线上教学开发以前，这些进步是难以想象的。当然，由于发展时间短、技术水平不同步、学习运用滞后等问题，线上教学还存在一些短板。提升高校思想政治理论课混合式教学的实效性，必须想方设法补齐短板。

一、有效开发线上教学平台

线上教学平台是开展线上教学的基石和载体，为高校思想政治理论课混合式教学的推进提供了必要媒介，离开了这个基石和载体，一切都无从谈起。当前国内外诸如 edx、Coursera、学堂在线、智慧树、雨课堂、课堂派等线上教育平台的发展已较为成熟，同时 SPOC平台使用起来也较方便。部分高校利用这些平台"玩"出了花样，打造出深受学生喜爱的思政精品课。但多数学校的线上教学平台与学生的学习需求实现不了"无缝连接"。开发什么样的线上教学平台或选择什么样的线上教学平台，是思想政治理论课混合式教学实施首先要解决好的问题。高校应根据自身特点，打造具有本校特色的线上教学平台，同时积极参与高校间的平台交流和共享，在资源的共享中实现最优选择。作为线上教学先行者和引导者的清华大学以"学堂在线"为载体，就通过平台建设实现了同众多学校分享优质课程资源。有些高校依托清华大学共享平台也取得了不错的成绩。开发线上教学平台可供选择的渠道是多样的，具体来说包括以下三种主要方式。

第一，开发集中统一平台。线上教学对传统教学模式是一种颠覆性革命，其技术具有很强的复杂性，需要投入巨大的人力物力财力，所以开发集中统一平台是首要选择。国内高校可以通过名校牵头、区域联合、多校共建的方法，开展思想政治理论课线上教学平台建设的合作，完善思想政治理论课"慕课"制作体系，发挥高校各自的学科和教学优势，组建专业化的线上教学平台开发团队，共同攻克技术难题，突破技术障碍。在实现教育资源优势互补的同时，充分发挥先进科学技术的积极作用，建设集易用性、支持性、适用性和可访问用户等功能特点合一的区域性和全国性的思想政治理论课"慕课"平台，实现教学资源、教育技术和优秀师资的共建共享。

第二，协调自建平台和统一平台。线上教学平台的选用是一个"技术活"，不少高校思想政治理论课开展混合式教学都面临着这一问题。很多线上教学平台实际上都有其优势，易用性和适用性都有保障，但不同的学校在选择平台时必须综合考虑学校自身的条件和学生的具体情况。资源优势明显的院校可发挥自身优势，开发线上教学平台，既可以满足本校的特色需求，也可以以优质资源输出共享的形式助力他校的思想政治理论课教学工作。多数院校资源优势较小，可采用统一平台和自建平台相结合的方式。集中本校力量啃一块骨头、发展一个特色、创一两个精品。对此，学校应进行政策倾斜和资金扶持，为自建线上教学平台提供充足的物力、财力保障。

突出解决好无线网全校覆盖、线上教学设备供给、网络提速等关键性问题。此外，学校自建平台的开发要"反复征求各方意见，针对经过多角度模拟预演和科学论证的技术方案和系统设计，开发便捷实用、用户黏度高的网页和手机 App"①。平台的开发和运用应严格规范，注重数据的完整性、有效性、安全性和深度化。

第三，提高线上教学平台品质。随着现代信息技术的发展，多种社会力量也投入到思想政治理论课线上教学平台的开发中来，有些社会企业按照市场化和商业化运作模式，以实现利益最大化为本，追求"短、平、快"，出现不规范、低质量等问题。为此，学校方面可与相关企业签署订单式开发协议，牢守品质关，在外观设计、内容整合、功能扩展等方面提出具体标准。比如可根据思想政治理论课属性，要求线上教学平台更富有创意感和时代感，在具备信息发布、资源共享、视频观摩、在线互动等基本功能的同时，还应添加教学管理系统、成果展示系统、动态监管系统等多样化的技术模块，强化系统的教学功能。确保开发出来的线上教学平台品质高、效果好。开展思想政治理论课混合式教学，不仅要依托新平台开发，还要利用好已有的平台。思想政治理论课教师应认识到移动教学平台的发展潜力和重要价值，"赋予其教学功能，在移动课堂中设置课程导学、课外阅读、教学调研、教学互动等部分教学内容，从而有利于发挥移动互联平台信息量大、形式生动、使用便捷的强大优势，适应学生的学习特点"②。移动"微课堂"能够增强思想政治理论课

---

① 冯淑萍：《"互联网＋"时代高校思想政治教育模式创新》，《思想教育研究》，2017 年第 8 期。
② 杨志超：《建构思想政治理论课混合式教学模式的现实思考》，《思想理论教育》，2017 年第 11 期。

的教学黏性，使学生随时随地学习，符合高校思想政治教育的"三贴近"原则，有利于提高思想政治理论课的教学品质。

二、打造线上教学精品内容

信息时代，内容为王。线上教学平台设计得再精美、功能再齐备，如果没有一批精品内容进行填充，也只能成为"花架子"。因此，高校思想政治理论课线上教学要把内容建设当作一切工作的重点，在打造线上教学精品内容上下一番实功夫。目前，思想政治理论课网络教学资源不是太少，而是太多，各种视频资料充斥各个线上教学平台，学生在进行选择时往往无所适从。面对海量、重复、枯燥的教学视频，"快进"或只为"刷存在感"成为一些学生的在线学习方式。在信息爆炸时代，赢得学生要靠"精品"，不靠"走量"。这就要求在制作线上教学内容时把握好原则、选择好方法、形成共建合力。

第一，把握好内容制作原则。对于多数高校而言，思想政治理论课线上教学平台应把统一平台和自制平台结合起来，在充分利用好统一平台上的优质资源的基础上，可结合学校情况和学生需要自制线上教学资源，打造具有地方特点和学校特色的"校本课程"。无论是选择统一平台上的教学资源，还是自制教学资源，都要把握好一定的原则。就选择统一平台上的教学资源而言，可根据课程的具体需要，合理选择，避免照搬复制。就自制教学资源而言，思想政治理论课教师可将知识"碎片化"或"片段化"，对各章节内容进行合理分割，制作成完整的视频体系，与理论课程有机结合，便于随时观看、重复学习。

第二，选择好内容制作方法。首先，线上教学文字资源与长篇大论的教材不同，必须提纲挈领、直击要点、重点突出；线上教学视频资源多采用短视频方式，要求内容凝练、知识完整、长度适中。这是线上教学内容制作首先要把握的基本方法。其次，线上教学资源的制作要坚持以问题为导向。比如线上教学视频制作应紧紧贴近学生的实际和需求，思想政治理论课教师在制作视频前必须做好调研工作，获取学生最迫切需要解决的问题，视频中重点详细分析 1－2 个问题，使学生一看就能被吸引并且有所得。对于基础性知识或者已有相关讲解视频的课程内容，思想政治理论课教师在内容制作时应该避开，避免重复性低效工作。另外，内容制作要注意细节问题，依照 10 分钟注意法则理论，教学视频时间长度应少于 10 分钟；按照知识"碎片化"的时代特征，教学视频要"小巧"，存储空间小，方便收藏和下载；依照系统化学习原则，教学视频内容要浅近，能起到承前启后、提点总结的作用。最后，教师要提高视频制作技术，把"精美化"技术工作做得更好。

第三，形成内容共建合力。线上教学精品内容的打造不是思想政治理论课教师的"独特待遇"，线上教学视频制作以及运行和维护是一项系统而又复杂的工作，思想政治理论课教师的"单打独斗"是远远不够的，它需要学校管理层、教务处、培训中心、技术人员的相互配合和支持。线上教学既需要专业教师队伍，也离不开专业技术团队的大力支持和帮助。就线上教学而言，思想政治理论课教师的主要任务是知识点的圈定、视频教学环节设计、组织讨论、答疑解惑，当然还可以上传课程视频等简单工作，但完成复杂的技术任务一时胜任不了。如果没有专业的技术操作和运行管理团队，线上教学内容制作的可持续性得不到保障。因此，高校有必要聘请和组建专业的技术团队，进行技术上的整体性把关和系统性管理，形成线上教学内容共建合力。

三、优化线上教学程序设计

高校思想政治理论课混合式教学是教学理念的创新，也是教学手段的创新，其优势更体现在教学程序设计的创新上。传统思想政治理论课教学程序很简单，大体上分为教师课前备课，学生课中听讲或夹杂少许课堂讨论，教师课后布置作业三个环节。混合式教学模式的引入，使思想政治理论课教学程序有了优化的可能性条件。在混合式教学模式下，思想政治理论课线上教学程序可设计成课前、课中、课后连贯一体过程。课前，思想政治理论课教师在线上教学平台推送资源，学生自主完成线上学习；课中，线上线下教学相结合，尤其要发挥多种智能教学平台，辅助线下课堂教学的开展；课后，思想政治理论课教师在线上发布学习任务，学生结合任务进行巩固式学习和拓展式运用。具体来讲，思想政治理论课线上教学程序可做以下设计：

课前教学程序设计。课前阶段也就是准备阶段，是线上教学开展的前提，准备充分不充分，设计合理不合理，直接关系到线上教学的整体实效。思想政治理论课教师可通过线上教学平台推送学习资源、学习任务单、课前测试。学习资源可以分阶段推送，尽量不要一股脑全部抛给学生，减少学生的自主学习厌倦感。比如在展开对"中国近现代史纲要"课程中"洋务运动"相关内容的教学时，教师可把资源的推送分解成三个阶段，第一阶段推送"洋务运动发生的背景"，第二阶段推送"洋务运动的主要内容"，第三阶段推送"洋务运动的历史意义"。每一个阶段的起始结束由相关的测试和反馈决定。在这个阶段，学生完成自主学习任务和课前测试。对于学生在自主学习中遇到的每一个难题，思想政治理论课教师要及时答疑解惑，并将具有代表性的问题进行搜集整理，为下一阶段的教学活动奠定基础。

课中教学程序设计。课中教学阶段是混合式教学模式线上线下教学相结合的主要表现阶段，它不是简单的"先学后教"，也不是集中的线上问题线下解决。课中教学的主要目的是完成知识的内化，"非常强调学生自主探索学习，强调自我组织、自我负责，教师在其中起引导和促进作用"①。基于线上教学平台，可以开展形式多样的课堂教学活动，还可以通过各种方式活跃课堂气氛，激发学生学习兴趣。课中教学程序设计至关重要，它决定了课堂的整体效果和学生对知识的接受度，因此思想政治理论课教师在采取多种方式的时候应该基于调研，选择适合学生的或者学生偏爱的方式，便于达成与学生的同频共振，进而使效果落实落地。

课后教学程序设计。课后阶段，教师通过线上教学平台布置作业或者任务。课后阶段的作业或者任务要在基础之上有所提高，要有一定的难度和进阶性，避免形式主义或"低效走量"，作业或者任务一般要求综合性强、难度稍大即可，以提高学生应用知识解决问题的能力。比如，在学习"毛泽东思想和中国特色社会主义理论体系概论"课程中"邓小平理论"一章时，课后作业可设计成"分析邓小平推进改革开放的策略及其在新时代全面深化改革中的价值"。这一作业来源于教材和课中教学环节，但又超出所学，其综合性强，需要学生查阅资料、好好思考或者协作讨论完成，它有利于提高学

---

① 罗映红：《高校混合式教学模式构建与实践探索》，《高教探索》，2019 年第 12 期。

生运用所学知识分析和解决现实问题的能力。在这一阶段，"建议教师设计和组织一次线下活动，针对线上活动中学生的成果和问题，进行评价、反馈和总结，帮助学生进一步提升，完成最后的知识建构"①。把学生完成线上作业和教师再一次组织线下教学活动结合起来，更能够把课后教学环节做出实效。

四、完善线上教学体制机制

体制机制保障是最根本的、最可靠的保障。线上教学是一个新鲜事物，尚处在发展阶段，而且由于其具有发展迅速、不易管理的特点，伴随发展而来的是一系列亟待解决的问题，如基础设施跟不上发展速度、安全监管缺位、数据建设和管理严重不足、传统教学理念和评价方法转型较慢等。解决好这些问题，是推进高校思想政治理论课线上教学健康发展的必要。当然，问题较多，头绪繁芜，短时期内不可能面面俱到，一步到位，可抓住一些关键点、紧迫点率先把大的框架立起来。

完善线上教学管理机制。高校思想政治理论课线上教学工作是一个包括了众多要素的系统性程序。为适应混合式教学模式改革的需要，高校应把推动线上教学作为学校思想政治教育工作的重要方面，专门组建学校思想政治理论课领导小组，领导小组由校党委书记、二级学院党委书记担任，各管理力量协调参与、共同管理。第一，加强校园网建设。充分利用大数据技术，大力提高校园网支撑网络教学的服务能力，实现校园网与校外专业网络教学平台的互联

---

① 冯晓英等：《"互联网＋"时代的混合式学习：学习理论与教法学基础》，《中国远程教育》，2019 年第 2 期。

互通。第二，发挥新技术在线上教学中的作用，利用大数据了解学生，为工作的深入开展奠定基础。第三，通过完善教师教学质量评价机制、教师线上教学工作绩效考评机制，加强线上教学团队的建设，建立起权责明确的线上教学管理体系。

完善线上教学评价机制。混合式教学模式下的线上教学实际是对传统师生关系的重要调整，随着一系列新的教学方式的开展，教与学在整个教学过程中的占比，教师与学生的角色定位不断发生变化，这就决定了传统的教学评价机制也需要因势而新。为适应思想政治理论课线上教学，提高线上教学质量，完善评价机制成为基础性、保障性工作。一方面，采取定性与定量相结合的方式，将评价标准细分、建立层次分明的学习评价体系。对于内容明确、可量化的部分采用定量的方式，比如在线上教学平台讨论模块中，可根据学生回答问题的数量和质量等具体情况给予相应的评分。这部分内容是完全可以量化的。对于没有明确答案的部分可采取定性的方式，把学生在课堂的表现、参与学习的质量重点纳入评价指标中。另一方面，采用过程性评价和终结性评价相结合的方式。不同评价指标要合理划分比重，在终结性评价中，可具体划分比例，比如学生的在线自主学习占50%，学生的讨论区参与自评和互评占30%，作业和考试占20%。如此产生的评价结果将会更具客观性和参考价值。

完善学分认证机制。学生学习的动机很大程度上来自于学习成果的认定。如果长时间得不到认定，学生的学习积极性必将因为缺乏激励因素而大打折扣。对于线上教学而言，这一点更为明显。据此，可在线上学习学分认证方面做出努力。教育部《关于"十三五"期间全面深入推进教育信息化工作的指导意见》中明确提出"要充分发挥资源平台建设和网络学习空间的作用，完善以网络学习空间为基础的学分认证、学分互认、学分转换机制"。完善学分认证机制，一方面抓好校内课程学习认证和校外课程学分认证两种方式。对于高校自建平台或是通过购买其他服务机构平台的校内课程，由学生经过统一注册账号，选择学校规定的课程，完成规定的学习任务，通过测试合格后即获得相应的成绩和学分。对于校外课程，可由学生自行学习并把学习所得进行系统性总结，把学习总结报告报备给学校相关部门。学校相关部门结合学生校外线上课程学习效果和学生学习报告进行综合考察，决定学分认证与否。另一方面，相关部门可通过建立学分银行、个人学习账号和学分累计制度的形式，把学分认证工作做细、做活、做实。

第二节　疏通高校思想政治理论课线下教学堵点

课堂教学是高校思想政治教育的主渠道和主阵地，高校思想政治教育无论采用什么样的创新形式，即便线上教学的优势再明显。课堂教学都不能也不会弱化。当然，当前高校思想政治理论课教学确实面临一系列问题，如理论讲解不透彻，教学过程形式化；理论与现实脱节，缺乏对社会现实问题的关注，教学内容表面化；照本宣科，脱离学生思想实际，教师自说自话；教学方法千篇一律、千人一面，缺乏针对性、落后僵化。办好思想政治理论课，须聚焦问题、直面短板、疏通堵点，在线下课堂教学中做好创新化、精细化工作。

一、探索专题式教学模式

高校思想政治理论课现行教材按照"05 方案"编写，体系明确，内容精炼，但不免存在着部分教学内容陈旧、重叠和知识点跨度较大的问题，影响了教学效果。解决这个问题，可在教学内容上探索"教材式教学向专题式教学"的转变。东北师范大学根据课程中的基本理论，提炼出重点和难点，并以问题为核心、综合教材内容后率先研究和开辟了专题式教学，把 5 门思政课程作为一个整体来统筹，设计了 45 个专题，使教学从原来的注重知识体系的完整性，转向注重专题教育的针对性。专题式教学，"将教学目标的实现，学生思想层面存在的理论困难、现实困惑与教学内容设计紧密联系在一起，主题鲜明、重点突出、教学针对性强，很好地解决了课程的吸引力问题"[1]。从专题设计的版块来看，这种方式非常具有针对性和现实性。

专题式教学的优势是很明显的，它既不会脱离教材，又能够"搞活"教材，突出重点；既可以发挥教师各自的优势，又能够把个人优势集合成综合优势；既可以形成多样化的教学风格，又能够"抓住"学生。总之，探索专题式教学模式对改善思想政治理论课线下课堂教学的"窘境"是有价值的。思想政治理论课开展专题式教学并不是一件说到就能做到的事，需要在探索上下点功夫，把握几个重要原则和方法：

第一，要注意所确定专题的全面兼顾。开展专题式教学的首要

---

[1]《思政课也能"活"起来——东北师范大学思想政治理论课改革有实效》，《光明日报》，2013 年 7 月 4 日。

前提就是确定专题，筛选和确定专题具有极端重要性。确定专题时要从整体性、完整性和育人性上出发。所谓的整体性就是既要让学生理解、掌握并运用所学的理论知识，培养学生的理论思维，更要让学生掌握体现在所学理论知识中的立场、观点和方法，提高学生分析、观察和解决问题的能力。为了吸引学生的注意力而断章取义、舍本求末是最不可取的。所谓的完整性就是要立足于教材，不唯教材但也不离教材。教学大纲和教材有着严密的逻辑体系，专题的选择应取自于教材又丰富了教材，避免逻辑不清、内容破碎。所谓育人性就是要求专题确定时要牢牢把握高校思想政治理论课教学的立德树人的根本任务，要守好思想引导和价值塑造的底线。思想政治理论课教学的根本目标在于培养社会主义事业的建设者和接班人，专题的选择和确定必须要以这一根本目标为统摄，既要强调知识性和学术性，更要突出育人性。这样才做到了不离本根，枝叶茂荣。

第二，要注意处理"单个"和"整个"的关系。专题式教学集单个教师的优势为课程的整个优势，使每一堂呈现给学生的课都是专业的精彩的课。但处理好单个和整个的关系是一个亟须解决的问题。在专题式教学中，教师往往只关心学生对自己专题的学习情况，轻视专题外的问题，而且教师上完一个专题后就完成了"任务"，导致师生接触很少，教师对学生总体情况的了解十分有限，根本上与思想政治理论课教学的育人宗旨相违背。因此，专题式教学要加强课程学习的统筹设计，"作业如何布置与批改，实践环节怎样设计与安排，如何实施课程考核，学评教怎样进行"① 等问题都必须有明

---

① 荆钰婷，谭劲松：《高校思想政治理论课专题式教学模式新探》，《思想理论教育》，2010（23）。

确规定和实施，单个专题授课教师与整个教学群体之间应厘清关系、明晰权责。

第三，要注意专题式教学的落细。专题式教学模式是思想政治理论课线下课堂教学的一种新尝试，其理念是新的，方向也是可取的。但要真正做出实效，就不能停留在宏观层面，而是要落细。具体来说，首先，加强思想政治理论课教师集体备课。专题式教学更考验教师之间的合作，主讲教师团体是一个整体，应就"如何照应本门课程内在逻辑体系的完整性和各个专题之间相互衔接的合理性，如何进行专题内部结构的设计布局，如何吸纳、取舍、运用有关资讯和音像资料，如何突出和彰显主题，如何及时沟通学生的学习情况，如何有效落实课程教学的总体要求"① 等问题加强沟通与交流。其次，加强专题设计的规范化建设。每个专题的教学目的、教学方法、专题名称、主要内容、专题间的衔接等，都要精心设计、周密安排。专题内容的组织要处理好知识性与思想性的关系，内容的深刻性与趣味性、灵活性的关系，重点、难点与热点的关系。专题教学方法的选择要结合传统教学手段和现代教学手段，发挥学生的主体性，牢抓方法的有用性。最后，完善专题教学评价体系。专题式教学的评价主要看专题设计是否合理，教学内容安排是否科学，教师的教学态度是否认真，教学方法是否得当等。通过这些方式，专题式教学才能在落细中不断落实。

二、用好研讨式教学方法

传统的思想政治理论课课堂教学多采用"老师台上讲，学生台

---

① 荆钰婷，谭劲松：《高校思想政治理论课专题式教学模式新探》，《思想理论教育》，2010（23）。

下听"的灌输式讲授方式。师生之间缺乏有效的课堂互动，有些教师会组织一些诸如提问、答疑等课堂互动，但也多半是形式创新而已，深度交流因传统师生关系的限制而无法实现。这种情况的长期存在使得思想政治理论课非但不能达到育人的目的，反而还会使学生产生逆反心理。虽然思想政治理论课教师队伍不断深化教研教改，但思想政治理论课被贴上的"枯燥乏味""填鸭"和"照本宣科"等标签一直去不掉，一些高校思想政治理论课课堂到课率一般、抬头率不高、点头率更少。解决这个问题，需要在讲授方式上探索"灌输式讲授向研讨式讲授"的转变，帮助学生由被动的知识接受者转化为主动的学习参与者，提升课堂教学中学生的参与度，用研讨式教学手段助力思想政治理论课线下课堂教学主渠道作用发挥。清华大学、北京大学、复旦大学等高校在思想政治理论课中探索和运用了研讨式教学方法，取得了不错的成绩。实践证明，研讨式教学方法在理念和操作上都具有可行性。

研讨式教学是基于线上教学和线下教学相融合进行的"翻转教学"，它有一定的实施程序，具体来说可分成前期准备、过程实施和总结评价三个部分。

第一，前期准备。前期准备环节包括划分小组和设计论题。针对小组划分，全班学生每 5 人自由组合成课题小组，每个小组推选组长 1 名，负责该课题组的组织、分工、协调等工作。再由学习委员和各小组组长组成中心小组，负责各课题小组之间以及课题小组和任课教师之间的联络、协调和信息反馈等工作。小组的划分可根据学生规模的不同，具体选择方案。研讨式教学可分为小班研讨和大班研讨两种。比如清华大学思想政治理论课的研讨式教学通常在 30 人左右的小班中进行，通过"老师＋助教"式的团队合作方式开展。各高校应根据校情、学情具体选择，不可盲目套用。针对论题设计，应根据思想政治理论课的教学内容，教学目标，理论重点、难点、疑点以及社会上的热点，筛选出若干论题。论题的选择既要紧扣教学内容，还要有新意，更要难易适度，高度控制在学生踮一踮脚够得着的程度。

第二，过程实施。研讨式教学的实施过程主要包括论题研究及小组讨论、课堂讨论两个部分。在论题研究和小组讨论环节，各小组按照设定的研讨计划进行合理分工，集体协作。每一位组员围绕自己所负责的子课题按照任课教师传授的方法进行独立探索，综合利用各种方式查找与课题相关的文献资料，并消化吸收、归纳演绎相关知识，形成自己的观点。每个小组在其组员个人研究的基础上定期进行交流、讨论、共同探究。教师要以平等身份深入到每一组的讨论中去，鼓励每个学生发表自己的意见，经过交流讨论形成对研究对象的基本认识。教师要针对学生研讨中遇到的问题的难度进行适当、适时、适度的指导。在课堂讨论环节，各小组推举 1 名代表，用 15 分钟左右的时间向全班同学汇报本小组的课题研究情况，尤其是本小组研究得出的主要观点以及独到见解。汇报形式可以由学生自行选择。学生汇报结束后，由教师和同学有针对性地进行提问。这一环节学生是课堂讨论的主体，教师要以鼓励和肯定为主，并对典型问题进行指导。

第三，总结评价。总结评价具有激励、导向、奠基等作用。总结评价是研讨式教学最后一个环节，是提升认识层次、理论高度的重要步骤，研讨式教学要把总结评价工作做扎实，以客观、公正、科学的评价形成良好的研讨学习风气。每一次研讨结束后，教师都应对学生表现、研讨内容进行科学评价，进行高度概括性的总结。

"应引导学生做出恰当的价值判断，引导学生辩证地从历史与当前、全局与局部、主流与支流等多个角度和侧面分析问题，帮助学生认清事物本质和发展趋势，增强学生分析问题和解决问题的水平和能力。"① 同时，还应在总结评价后，引发学生的延伸式思考和深层次体会，使学生每一次研讨都有每一次的收获，每一次研讨都能更上一个台阶。

三、进行有效的课堂管理

思想政治理论课课堂教学与课堂管理相互影响，共同作用。当前，高校思想政治理论课基本采用大班教学模式，一个教学班级学生数量少则七八十，多则一百多。这样的大班教学为课堂管理出了难题。课堂管理有效与否，直接影响着思想政治理论课课堂教学能否顺利开展以及能否取得成效。以往的思想政治理论课课堂管理权在教师手中，教师靠奖惩方式实行课堂管理。事实证明，这种课堂管理方式效果不高，学生即便到课率很高，抬头率却无法保障。在混合式教学模式下，学生是主体，这不仅意味着教学目标转向了能力发展和兴趣培养，还意味着"教学设计的价值取向发生了变化，相应的教学模式、策略和方法也需要发生变化。"② 这里的变化理应包括课堂管理的变化。

在思想政治理论课课堂管理创新上，清华大学进行了探索，形成了重要经验。为了满足学生对于课堂互动的新要求，教师们采用

---

① 聂智：《论高校思想政治理论课基于问题导向的研讨式教学模式的建构》，《思想理论教育导刊》，2017 年第 9 期。
② 冯晓英，王瑞雪：《"互联网＋"时代核心目标导向的混合式学习设计模式》，《中国远程教育》，2019 年第 7 期。

"教学相长"的课堂教学管理模式，充分发挥学生"反哺"老师的主动性。通过为每位同学建立一个"教学相长"管理手册的方式，使每一位同学的观点和心声都能被倾听。任何一个学生对课堂有任何问题和想法都可以在管理手册上进行体现，在这里，学生成了参与课堂管理的"新力量"。学生不再是服从者和局外人，积极性自然就高了起来。清华大学的经验为高校思想政治理论课课堂管理提供了新方向和新思路。教师要认识到提高思想政治理论课教学实效性，光靠研究教材和教法仍是不够的，还需要在课堂管理上用些精力和智慧，以优质的课堂托举高效的教学。

第一，实现由"纪律管理"到"学习管理"的转变。传统的课堂管理大多是纪律管理，即教师花费大量的时间来维护课堂的纪律。在纪律管理方式下，课堂是安静的，课堂秩序仿佛井然有序，实际上学生各干各的事情，认真听课的学生少之又少。这样"有纪律"的课堂实际上与教学宗旨完全相悖。搞好课堂教学，教师首先要树立科学的课堂管理理念，"应通过与现实社会生活相融通的教学内容组织以及与当代大学生成长方式相呼应的教学方法应用，以增强高校思想政治理论课程的吸引力与参与性，从而使教育对象的知识兴趣、成长愿望以及积极情感成为课程学习的根本动力而不是外在的纪律约束，大学生的课堂问题行为就能得到最大限度地抑制和消除"[1]。简而言之，就是化外在管理为内在管理，化纪律管理为学习管理。

第二，实现课堂中学生的自我管理。学生的自我管理远比教师

---

[1]　韦世艺：《高校思想政治理论课有效课堂管理：内涵与动因》，《高教论坛》，2017 年第 8 期。

外在的纪律施压效果要好得多。实现学生的自我管理，关键在于让学生全程参与到课堂教学中来，消除学生中普遍存在的"我是被迫来听课的""这门课听不听都行""反正我不听课也能及格"等观念。具体来说，一方面，加大过程评价在整个考核评价中的比重，通过课程学习过程评价的具体实施使学生确立平时成绩的评定与课堂学习有效参与高度相关的观念，使学生认识到来不来听课或者到了课堂上听不听课是大不相同的。另一方面，增强课堂的积极吸引力。如果说考核评价是消极吸引力，则课堂教学紧密贴近学生、贴近生活、贴近实际就是积极吸引力。教师要不断探索把学生的成长环境、生活习惯和交往方式等因素与课堂教学相融合的方法，使学生"不请自来"。

第三，实现协同管理。课堂管理是一个系统，一个好的课堂管理，一定是各子系统内部以及系统间协调的结果。协同管理是课堂管理的必不可少的长效性的方式。课堂管理的协同，一方面在于资源整合，另一方面在于行动协调，通过资源整合和教育教学行动的协调，系统内部才能免于松散和混乱。在资源整合方面，应建立大学生思想政治教育日常工作与思想政治理论课互动联通机制，推动学生党建、班团建设等工作与思想政治理论课的融合，"可把学生党员或积极分子、班团干部在思想政治理论课的课堂表现和学习成效作为学生党干考评的重要依据"①。在行动协调方面，高校思想政治理论课的不同课程、不同教师在课堂班级氛围和整体性学风建设上应保持观念上高度一致和行动上的步调趋同。只有这样，思想政治

---

① 韦世艺：《高校思想政治理论课有效课堂管理：内涵与动因》，《高教论坛》，2017 年第 8 期。

理论课的课堂管理才能实现劲往一处使、力往一处用，最终打造既有纪律，又有活力；既热热闹闹，又有条不紊地生动课堂。

第三节　加强资源向高校思想政治理论课实践教学侧下沉

实践教学是引导学生运用所学知识参与社会活动的教学过程，是实现理论检验和理论内化的重要环节，是思想政治理论课教学体系的必不可少的组成部分，离开了实践教学，混合式教学必将行动不稳、行而不远。实施思想政治理论课混合式教学，必须加强教育教学资源向实践教学侧下沉。近年来，以北京大学等为代表的多所高校对思想政治理论课实践教学进行了积极探索，形成了丰富的教学成果。实践教学因此更具现实必要性和可能性。

一、整合实践教学资源

思想政治理论课实践教学可以利用的资源极为丰富。各高校因为所处地域和文化渊源不同而存在较大差异。武汉大学思想政治理论课实践教学极具特色，原因就在于武汉这一座城市具有深厚的历史底蕴，在近代历史上举足轻重。因此，开展思想政治理论课实践教学，首先要对所处地区的实践教学资源进行全面了解和客观评估，明确区域内可供利用的教学资源的基本情况，在此基础上，科学有效地整合资源和创新资源投入机制，从而为实践教学的开展奠定坚实的资源基础。

第一，整合实践教学教师资源。在现行职称晋升体制下，大多数思想政治理论课教师都是教学科研一肩挑，教学任务不轻，科研任务更重，不少教师根本没有足够的精力安排实践教学活动。此外，相当一部分思想政治理论课教师观念仍在理论教学的圈子里打转，"尚未能满足实践教学活动对教师素质的要求，因而造成个别实践教学流于形式"①。而且由于实践教学活动比课堂上的理论讲授复杂得多，需要系列设计、部署、管理和总结工作，劳心费神的特点使思想政治理论课教师对实践教学产生心理排斥。这些问题真实存在并且成为制约思想政治理论课实践教学开展的首要原因。因此，开展实践教学，先从整合教师资源处入手。实践教学的深度拓展为思想政治理论课教师的素质提出了更高要求，"需要教师必须全面提升素质，方能有胜任力"②。高校可通过脱产进修、攻读深造、社会考察、国内外学术交流等措施提高思想政治理论课教师的综合素质，也可针对实践教学进行靶向培养。

第二，整合实践教学经费资源。思想政治理论课实践教学多以社会活动为主，对经费有一定的要求。因为缺乏经费支持而不开展或者少开展实践教学的高校也不在少数。尤其是中西部地区或者偏远少数民族地区高校出现这一问题的概率更大。笔者曾到西南地区的一所高校考察学习，那里的教师反馈他们学校极少开展实践教学，即便开展，也都是在"近郊"，"不要经费就行，一要经费就不灵"是这些高校实践教学面临的困境。破解这个困境，一方面需要国家对高校思想政治理论课实践教学加大资金投入，另一方面需要各高

---

① 沈万根：《关于高校思想政治理论课实践教学运行机制创新的思考》，《思想教育研究》，2017年第1期。
② 杨增崟：《高校思想政治理论课实践教学的困境及突破》，《思想理论教育导刊》，2016年第10期。

校单独设立思想政治理论课实践教学专项基金，专门支持实践教学活动所产生的费用。并单独设立专项基金管理办公室，采取资本化方式实施管理。此外，各地方高校还可向外拓展新路，寻求地方企业和社会群体的资助，从而最大限度上满足思想政治理论课实践教学的经费需求。

第三，整合实践教学空间资源。一直以来，高校思想政治理论课实践教学空间较少且具有选择随意性，导致消耗成本大，吸引力不够。打造实践教学基地是解决这个问题的关键。高校要积极联系地方政府机关、企事业单位、博物馆、纪念馆等作为思想政治理论课常规化的实践教学基地，与这些单位要建立长期合作关系，保障实践教学的持续推进。同时实现思想政治理论课社会实践教学基地的多样化，既要给同一类型学生多些选择，又要让不同类型的学生有针对性的选择。比如高校在设计和准备实践教学时可考虑学生的专业实际，针对具体要求定向配套，使实践教学能正好敲到"鼓点"上。"针对人文社会科学类的学生，可以将实践教学活动场所定为政府、学校、社区、公司、历史文化遗址和博物馆等场所；针对理工类的大学生，可以定为工矿企业、医院、科技研究所。"[①] 这样的实践教学更有吸引力，更能增加学生的参与积极性和获得感。

二、丰富实践教学形式

当前，我国高校思想政治理论课实践教学形式单一的问题比较突出。有些高校只在课堂中开展实践教学，有些高校则偶尔组织学

---

① 沈万根：《关于高校思想政治理论课实践教学运行机制创新的思考》，《思想教育研究》，2017 年第 1 期。

生到校外开展实践教学。"实践教学主要分为课堂实践、校园实践与社会实践三个有机组成部分，不仅是传统思想政治理论课在新的时代境遇下的自然转换，也是对其更为人性化和具象化的演绎和表达。"① 但能够把课堂实践教学、校内实践教学和校外社会实践教学结合起来的高校少之又少。虽然部分高校开展了思想政治理论课实践教学，但形式无非是常规的几种，难以激发学生的参与热情，很多学生撰写的调研报告要么靠编造要么靠拼凑。实践教学形式的单一问题严重影响了教学目标的达成。教学形式的灵活生动和教学场所的不受限制是思想政治理论课实践教学的优势所在。高校推进思想政治理论课实践教学，需要抓住这种优势，并发挥这种优势，不断丰富实践教学的形式，更好地提振实践教学的功效。

第一，把课堂对分成理论教学和实践教学两部分。理论性强是思想政治理论课的特点，也是长期以来实效性不高的症结所在。破解这个困境，可借鉴对分课堂教学模式的理念，把课堂分成上下两半。上半节课由教师进行理论讲解和重点知识框架的介绍，下半节课把课堂交给学生，由教师指导学生进行辩论、演讲和讨论，提高学生对知识的理解和运用能力。课堂教学实践对思想政治理论课教师的要求较高，需要提前做好预设和方案，"教师要把握好主导的形式和程度，充分留白，把空间构建出来，把时间预留下来。通过这些留白让学生在主动实践探索中发挥主体性和创造性"②，从而保证实践教学活动的有序、有效。

---

① 张彦：《新时代高校思想政治理论课实践教学的三大追问》，《思想政治教育研究》，2019 年第 3 期。
② 刘一博：《论思想政治理论课实践教学的问题意识》，《思想教育研究》，2020 年第 5 期。

第二，把课堂实践教学与校园文化活动结合起来。校园文化活动是实践育人的重要平台，尤其是大学生社团和协会。思想政治理论课教师要"深入挖掘和提炼各类校园文化活动所蕴含的思想政治教育价值和元素，促进校园文化活动的属性与思想政治教育属性的融合"①，主动与校内有影响力的社团和协会定期联络、搭建关系，加强对社团和协会实践教学活动的指导，确保目标明确、内容充实、形式丰富。

第三，把社会实践教学活动做出彩。社会实践教学活动是思想政治理论课教学有益的拓展和补充，在实践教学体系中扮演着十分重要的角色。前文在研究各高校开展思想政治理论课混合式教学的经验时，专门介绍了北京大学的思想政治理论课社会实践教学活动。北京大学结合各院系特色，分门别类，形式多样，有针对性地把社会实践教学做得扎扎实实，并且全部由学院领导带队，表现出高度重视。整体上极为出彩。"北大经验"为各高校思想政治理论课社会实践教学打了个样。高校思想政治理论课必须把社会实践教学做足，每个月至少组织一次社会实践活动；做多样，每次社会实践活动的地点和方式尽量不同，要能尊重学生意愿，同学生的兴趣和专业结合起来。此外，还可以尝试开辟虚拟实践方式，"虚拟实践作为一种新型实践，是伴随信息化和网络化发展而产生的。它是人们运用计算机、网络和虚拟现实等信息技术在电脑网络空间有目的地进行的能动地改造和探索虚拟客体的一种客观活动"②。虚拟实践符合混合

---

① 汤志华，廖青清：《新时代高校思想政治理论课实践教学创新研究》，《思想理论教育导刊》，2019 年第 5 期。
② 石云霞：《马克思主义基本原理专题研究》，北京：高等教育出版社 2012 年版，第 60 页。

式教学理念，具有鲜明的时代特征，贴近学生和实际，能使思想政治理论课实践教学"活起来"。

三、强化实践教学机制

思想政治理论课实践教学参与人数多、运行环节多、涉及部门多，需要各教学单位和管理部门的共同配合。面对这样一个复杂的系统性工作，建立科学有效的机制是实践教学得以长效运行的关键。推进思想政治理论课实践教学创新，要不断强化实践教学机制。尤其在实践教学考核机制、实践教学激励机制、实践教学反馈机制三个方面进行探索，真正使实践教学做到"知行合一"。

第一，完善以学生整体性表现为焦点的实践教学考核机制。思想政治理论课实践教学考核范畴应该很广泛，越是广泛、精细，就越是能反映出学生真实情况。因此，可把实践考核向课外辐射，把学生的日常行为，如寝室卫生及与室友关系、公寓活动、志愿服务活动、创新能力、团队协作能力、社会沟通能力、科研能力等都列为考核内容。具体来说，思想政治理论课教师可为每一位学生建立个人日常行为表现档案，并与学生处、教务处、后勤处和校团委、社联等相关部门联动，对学生的表现全程记录，期末时由思想政治理论课教师根据学生的全方位表现进行打分。总的来说，实践教学考核要遵循"定性评价与定量评价相结合、过程性评价与结果性评价相结合、即时评价与延时评价相结合的基本原则"[①]。力求考核评价结果的客观科学。

---

① 娄本东：《思想政治理论课实践教学的评价研究》，《教育理论与实践》，2020 年第 24 期。

　　第二，建立以调动师生积极性为本的实践教学激励机制。思想政治理论课实践教学能否顺利开展，既取决于学生的积极性，也取决于教师的积极性。调动师生积极性，二者缺一不可。就调动教师实践教学积极性来说，必须从职称评审上着手。改变思想政治理论课教师职称评审只重视科研的现状，不断提高教学质量在马克思主义理论学科中的比重，为思想政治理论课教师在科研上做减法，使思想政治理论课教师能够以更多精力和更大热情投入到教育教学研究和实践教学中来，让实践教学回归本位。针对调动学生实践教学积极性，一方面要把实践教学成果作为平时成绩的一部分，甚至于很重要的一部分，另一方面在实践教学成果的打分上，采用教师评价、同学互评、学生自评相结合的方式。在各个评价主体打分权重的确定上，教师要进行探索，可听取学生的意见，发扬民主作风，尊重学生意见，增强学生参与主体意识，从而激发积极性。

　　第三，形成以及时纠偏为重点的实践教学反馈机制。实践教学是一个复杂工作，在开展过程中难免出现各种各样的偏差，是否能及时纠正偏差，直接决定了实践教学活动顺利与否。实践教学中可能出现的偏差，比如实践教学目标与实践教学实际成果之间的偏差、实践教学预设与实践教学条件丰裕度之间的偏差、实践教学的流程与可能发生的不可预测的阻碍因素之间的偏差等都需要及时做出反馈和纠偏。总的来说，高校只有结合校情，制定具有可操作性的实践教学评价指标体系，并及时反馈纠偏，进一步完善评价指标体系，才能不断提高思想政治理论课实践教学的实际效果。

第四节　协同推进高校思想政治理论课
混合式教学增量提质

　　高校思想政治理论课混合式教学是一个在现代信息技术支撑下的正在向上发展的新事物，这个新事物由众多要素组成，各要素协调共进是其持续健康发展的关键。随着现代科学技术和新媒体的迅猛发展，以及社会形势的不断变迁，高校思想政治理论课混合式教学也在不断调整，各种新要素会不断加入进来，其内部结构也会不断变化。也就是说，变化和调整是高校思想政治理论课混合式教学的常态。但"变"中有"不变"，可靠的实施混合式教学的教师队伍、系列完善的保障混合式教学实施的制度、融合发展之路是应对"万变"的"不变"。推进高校思想政治理论课混合式教学增量提质，必须夯实"不变"的基础，协同推进各种要素劲往一处使，如此方能行稳致远。

一、打造思想政治理论课混合式教学队伍

　　办好思政课，关键在教师。线上教学靠学生自主性学习，线下课堂教学靠学生研讨和交流，看似学生在混合式教学中占据了绝对性主导地位，实际上思想政治理论课教师的作用更大了、责任更重了、要求更高了。混合式教学越是往前推进，对教师的能力素质要求就越是提高。所以，要摒弃混合式教学下思想政治理论课教师当"甩手掌柜"的错误观念，不断提高教师水平，发挥教师应有的作用。简言之，思想政治理论课混合式教学的实施必须有一支可靠的

教学团队，它是向前发展的基础、质量提升的关键、永续生效的动力。

混合式教学从教学理念、教学内容到教学组织、课程实施和评价都发生了新变化，而且线上教学平台不断发展，技术更新换代速度非常快，因此教师培训必不可少。开展混合式教学，思想政治理论课教师要跟上时代步伐，提高运用混合式教学技术手段的本领。如今，思想政治理论课教师只会理论知识和教学教法是不够的，还需掌握影像视频剪辑等技能。这些技能是实施混合式教学的技术前提，只有做到熟练运用，才能进行教学设计和教学组织活动。教师可选择到各典型高校及科研机构进修学习，也可到企业或工程项目部进行工程项目的实操。

对思想政治理论课教师的培训可采取校内与校外相结合的培训方式，在校内，可对教师进行基本的岗前培训，确保基础性的全面性的掌握。在此基础上，可引入校外培训方式，有选择性有针对性地外派教师到国内开展混合式教学取得较为显著成果的院校进行学习培训。为保证学习培训落到实处，避免学习培训流于形式，高校应与相关院校达成委培协议，规定好学习程序、学习效果评估等各项内容，定期开展培训反馈调查。接受校外学习培训的教师须把自身所得与本校教师分享，可以运用讲座、小型专业培训、研讨会等多种形式进行成果交流与信息互换，实现校外培训反哺校内培训。

思想政治理论课混合式教学顺利开展和有效推进，有赖于思想政治理论课教师集群效应的发挥。也就是说个别教师或少数教师的推动是远远不够的，需要重构和组织数量充足、质量优良、战斗力强的思想政治理论课混合式教学团队。笔者在二十余年的思想政治理论课教学过程中，尤其在探索教育教学改革创新时，对教学团队的重要价值深有体会。这是一个合作为上的时代，单打独斗往往行不通。高等教育越往前发展，构建思想政治理论课教学团队的意义就越凸显。总体上就是要建立起年龄梯度、职称梯度科学合理的思想政治理论课教师梯队。思想政治理论课教师团队的构建要总体上按照现代化教学目标，并根据每位教师的具体情况有所侧重，发挥优势，形成"1+1>2"效应。

二、完善思想政治理论课混合式教学制度保障

制度保障是根本性保障。思想政治理论课混合式教学会因科技的发展和教育理念的变迁而不断被赋予新的内涵，面对这种变化式的常态，完善持久性的制度保障显得更具有深远意义。思想政治理论课混合式教学制度建设要抓住难点、抓住关键、抓住根本，做好顶层合计、方向把控、考核创新等主要工作。

首先，做好顶层设计，完善思想政治理论课混合式教学上下联动、通力合作制度。顶层设计是思想政治理论课混合式教学有序推进的必要前提。清华大学在这方面成果显著，与统筹性机构的设立不无关系。各高校可从中汲取成功经验，补齐短板，弥补不足，尝试建立起校、院、班联合一体的三级管理机构。"校"是决策管理部门，进行统筹规划和监督管理；"院"是承接与开展思想政治理论课混合式教学任务具有相应关系的院系；"班"是具体开展思想政治理论课混合式教学的专业班级。校、院、班三级管理机构在承担各自任务的基础上协调运转、通力配合、同向发力。

在校级管理部门的统筹下，努力实现思想政治理论课混合式教学的制度化管理，使得思想政治理论课混合式教学在制度化轨道上推进。同时，校级管理部门还要推动校际合作，以经验的借鉴优化资源的整合，实现协同发展和联动发展，为思想政治理论课混合式教学的开展贡献应有的力量和智慧。班级是三级管理机构中的"基层单位"，是思想政治理论课混合式教学实施的最终载体，是混合式教学质量和效果的直接体现者。开展思想政治理论课混合式教学，要重点把制度建设和管理资源向班级这一侧倾斜，做强思想政治理论课混合式教学制度保障的"基层力量"。

其次，做好方向把控，完善思想政治理论课混合式教学科学落实制度。思想政治理论课混合式教学说起来容易，做起来不易。有些高校已经在探索思想政治理论课混合式教学上行进了一些年头，也积累了一些经验。但从这些经验背后，也可以看出问题。笔者走访了一些高校，发现这些高校的思想政治理论课教师不少都在尝试混合式教学手段，并且都有自己的心得，他们的"心得"有一个共同点，即教师与学生关系"翻转"过来，教师基本只要布置任务即可，学生有问题提出，教师进行解答；学生没有问题，教师则"乐得清闲"。有的教师甚至开心地表示"混合式教学确实好，课堂很省劲，末考不用管，学生自己学，老师享清闲"。这些实际上是严重曲解了思想政治理论课混合式教学的内涵，背离了本质，偏离了正确的方向。

思想政治理论课实施混合式教学，必须把控好方向，立足于实际，从教育教学理念的创新、对混合式教学的正确理解、对混合式教学手段的科学运用、对思想政治理论课教学发展总体布局出发，从各学科、各专业的具体情况出发，从教师"教"和学生"学"的内容、方式、需求的变化出发。要在正确认知和科学把握的基础上，坚持具体分析不盲目，坚持正确方向不偏离，坚持科学落实不歪曲。思想政治理论课混合式教学必须有步骤有计划地开展，针对四门课程的差异性，选择具体方案。这四门课程具有理论上的内在逻辑性，但在知识结构和教学方式的使用上仍有比较明显的差别，所以思想政治理论课教师在讲授不同课程的时候，切忌"一根竹竿打到底"，不偷懒，敢探索，会创新，致力于思想政治理论课混合式教学的科学落实。

最后，做好考核创新，完善思想政治理论课混合式教学综合式评价制度。考核创新一直以来都是高校思想政治理论课教学改革创新的重要一级。尤其在探索混合式教学模式过程中，考核创新的价值更为彰显。在数字化时代、新媒体矩阵时代，教师不再是唯一的评价发出者，教师与学习者均是评价与被评价的主体。在混合式教学模式下，评价过程应是双向互通的；评价体系应更加倾向于多主体、多评价指标、多评价手段；评价的功能也应由"打分"的单一功能转变成教育性功能、管理性功能、激励性功能与诊断性功能的集合。思想政治理论课混合式教学考核创新应顺应时代发展，在考核评价指标、考核评价方式上进行"延展"。

在混合式教学模式下，思想政治理论课教学的评价指标要不断丰富。对于教师的考核评价指标，要增添观念创新、新技术学习和掌握、线上线下教学指导作用的发挥等元素，尤其要增添教师的信息素养指标，增加平台的未来发展适应性等考核内容，使技术平台在原有的水平上不断完善。对于学生的考核评价指标，要更多地向学生的自我组织能力、任务完成情况等指标方面侧重，同时把实践性指标加入到考核评价中来。在考核评价方式上，改变重外在评价，轻自我评价；重绝对评价，轻相对评价；重结果评价，轻过程评价；重分数评价，轻能力评价的倾向，综合使用多种考核评价方式，使考核评价适应混合式教学的需求，真正达到以考核促进步的目的。

　　总之，考核评价是手段，要在不断丰富形式的基础上紧紧围绕育人的根本目标，做到既形式多样又不离根本，"一方面检测学习者学习的阶段性成效是否达到学习目标和要求，更重要的是评价结果应为学生的学习情况提供反馈，有益于学习者发现学习过程中的不足，以便有针对性地提出改进的意见或者建议，持续地改进自己的学习活动和行为，促进学生的全面化和个性化发展"①。尤其是在混合式教学模式下，教学质量评价的功能不再仅仅是学生知识掌握和技能熟练程度的唯一价值判断方式，更重要的在于当课堂评价与教学过程相结合起来同时进行时，评价与教学的界限开始模糊，甚至消失，评价将成为一种促进学生在教学过程中保持主动学习的强有力的工具。用好考核评价这一强有力的工具是推进思想政治理论课混合式教学的关键。总体来说，要积极推动思想政治理论课混合式教学考核评价制度创新，树立以价值观考查、思想品德考查、实践能力考查和理论知识考查并重同行的科学的考核评价理念，并在教育教学实践中把考核评价制度落细，从而充分发挥考核评价在思想政治理论课混合式教学中导向作用。

三、走稳思想政治理论课混合式教学融合发展之路

　　高校思想政治理论课混合式教学是一个由多种动态要素协配融合而成的教学生态系统，这一个生态系统是不是健康可持续，关键要看其中的各种动态要素是不是和谐共生、和睦共处并且发挥同向共进的要素整合优势。传统的高校思想政治理论课教学所涉内容较

---

① 李逢庆，韩晓玲：《混合式教学质量评价体系的构建与实践》，《中国电化教育》，2017年第11期。

为单纯，"单打独斗"尚且可以维持，推进思想政治理论课混合式教学，则需引流"多段渠"共灌共育。也就是说，思想政治理论课混合式教学必须走稳融合发展之路。具体来说，要树立融合发展理念、提供融合发展保障。

树立融合发展理念。国家相关部门、各高校和各思想政治理论课教师应认识到，在现代信息技术和新媒体日新月异的新时代，高校思想政治理论课不再是独立的个体，而是与"互联网＋"、大数据、新媒体矩阵等"新主体"作为一个整体出现，"自立山头"行不通，"关起门来办思政"也不可取，必须将二者统筹兼顾起来，充分考虑彼此的发展诉求，找到发展效益的最佳平衡点。思想是行动的先导，指引着行动的方向，只有思维相契合，行动才会步调一致。各相关单位应树立融合发展理念，培养融合发展思维，在系统、要素、技术、教法等向度上着眼思想政治理论课与"新主体"融合发展。在融合发展理念促推下，引导融合发展基础理论研究的纵深开展，并出台具体的政策性措施，全面推进思想政治理论课与"新主体"融合发展的提质培优。

做强融合发展保障。高校思想政治理论课混合式教学的融合发展必须以做强融合发展保障为永续动力。各相关部门应把责任扛在肩上，各司其职，各尽其能，致力于基础设施完善和实践效益强化等工作。国家层面要通盘考量，统筹规划，为思想政治理论课混合式教学的融合发展提供政策和制度保障；高校层面要结合国家正在推进教育现代化的历史机遇，积极调动资源，加大人力、物力、财力的投入力度，统筹软件和硬件两方面建设，夯实"硬件"基础，建设功能完备的智慧校园系统；提升"软件"质量，强化数字思维和网络教学内容的思想方向引导，推动传统高校思想政治教育内容的数字化，拓展融媒体传播方式，以内容融合不断推动思想政治理论课融合发展的进程，牢牢掌握住融合发展的主动权。教师层面要遵循以人为本的发展理念，养成因时而进的思维方式，抓住混合式教学融合发展的精神核心，抓住以学生为主体的教育教学根本，树立融合发展的共同目标，探索融合发展的驱动模式，为思想政治理论课混合式教学融合发展提供坚实的人才保障。

总之，高校思想政治理论课实施混合式教学是一个好的改革创新取向，与传统的思想政治理论课教学相比，混合式教学模式的教学理念、教学方法、教学组织和教学评价都在某种程度上令人耳目一新。它与新时代我国教育现代化的进向高度契合，它对思想政治理论课新型师生关系的构建、对思想政治理论课教学内容的整合、对思想政治理论课线上教学和线下课堂教学的"翻转式"改革，都将在当前和未来一段时间内不断影响高校思想政治教育工作。总的来说，把混合式教学模式运用到高校思想政治理论课教学中来，是一个可喜的变化。不过，新鲜事物难免有这样或者那样的问题，混合式教学模式中理论设计和实践条件间的偏差、理念创新和习惯定势间的隔阂、个别经验和普遍适用间的距离真实存在，纠正偏差、消除隔阂、缩短距离与思想政治理论课混合式教学的推进工作"同在路上"。"发现亮点、发挥优势、疏通堵点、补齐短板"是高校思想政治理论课混合式教学增量提质的必由之路，当然，这还需要大家共同努力。

主要参考文献

［1］马克思恩格斯选集（第1—4卷）［M］．北京：人民出版社，2012．

［2］马克思恩格斯文集（第1—10卷）［M］．北京：人民出版社，2009．

［3］列宁选集（第1—4卷）［M］．北京：人民出版社，2012．

［4］毛泽东选集（第1—4卷）［M］．北京：人民出版社，1991．

［5］邓小平文选（第1—2卷）［M］．北京：人民出版社，1994．

［6］邓小平文选（第3卷）［M］．北京：人民出版社，1993．

［7］习近平谈治国理政［M］．北京：外文出版社，2014．

［8］习近平谈治国理政（第2卷）［M］．北京：外文出版社，2017．

［9］中共中央宣传部．毛泽东邓小平江泽民论思想政治工作［M］．北京：学习出版社，1994．

［10］中共中央文献研究室．习近平关于实现中华民族伟大复兴的中国梦论述摘编［M］．北京：中央文献出版社，2013．

［11］习近平．之江新语［M］．杭州：浙江人民出版社，2007．

[12] 中共中央宣传部编. 习近平总书记系列重要讲话读本 [M]. 北京：人民出版社，2014.

[13] 中共中央文献研究室. 十八大以来重要文献选编（下）[M]. 北京：中共中央文献出版社，2018.

[14] 张耀灿. 中国共产党思想政治教育史论 [M]. 北京：高等教育出版社，2006.

[15] 张耀灿，郑永廷，吴潜涛，等. 现代思想政治教育学 [M]. 北京：人民出版社，2006.

[16] 张耀灿. 思想政治教育学科建设研究 [M]. 北京：中国人民大学出版社，2017.

[17] 佘双好. 现代德育课程论 [M]. 北京：中国社会科学出版社，2003.

[18] 张果. 当代学生意识形态安全教育研究 [M]. 北京：人民出版社，2015.

[19] 吴温暖. 高等学校国防教育 [M]. 厦门：厦门大学出版社，2007.

[20] 谢安邦. 高等教育学 [M]. 北京：高等教育出版社，2002.

[21] 陈万柏. 思想政治教育学原理 [M]. 北京：高等教育出版社，2015.

[22] 黄甫全. 课程与教学论 [M]. 北京：高等教育出版社，2002.

[23] 余仰涛. 思想政治工作学研究方法论 [M]. 武汉：武汉大学出版社，2006.

[24] 项久雨. 思想政治教育价值论 [M]. 北京：中国社会科学出版社，2003.

[25] 陈万柏, 张耀灿. 思想政治教育原理 [M]. 北京: 人民出版社, 2007.

[26] 黄荣怀. 混合式学习的理论与实践 [M]. 北京: 高等教育出版社, 2006.

[27] 李腊生. 高校思想政治理论课教学实效性研究 [M]. 武汉: 武汉大学出版社, 2011.

[28] 余文森. 有效教学的理论和模式 [M]. 福州: 福建教育出版社, 2011.

[29] 沈壮海. 思想政治教育有效性研究 [M]. 武汉: 武汉大学出版社, 2008.

[30] 艾四林. MOOC 与高校思想政治理论课教育教学创新 [M]. 北京: 北京大学出版社, 2014.

[31] 郑永廷. 思想政治教育方法论 [M]. 北京: 高等教育出版社, 1999.

[32] 岳修峰. 普通高等学校"三全育人"研究 [M]. 北京: 社会科学文献出版社, 2018.

[33] 王学俭. 思想政治教育理论与实践问题的研究视角 [M]. 北京: 中国人民大学出版社, 2017.

[34] 徐浩, 马斌. 时代的变换: 互联网构建新世界 [M]. 北京: 机械工业出版社, 2015.

[35] 朱慕菊. 走进新课程: 与课程实施者对话 [M]. 北京: 北京师范大学出版社, 2002.

[36] 陈玉琨. 慕课与翻转课堂导论 [M]. 上海: 华东师范大学出版社, 2014.

[37] 冯刚. 高校思想政治教育创新发展研究 [M]. 北京: 中

国人民大学出版社，2009.

[38] 赵国栋. 微课与慕课设计高级教程 [M]. 北京：北京大学出版社，2014.

[39] 李秉德. 教学论 [M]. 北京：人民教育出版社，1991.

[40] 焦建利，王萍. 慕课："互联网＋教育时代"的学习革命 [M]. 北京：机械工业出版社，2015.

[41] 徐志宏. 思想理论教育教学论 [M]. 北京：高等教育出版社，2006.

[42] 柯清超. 超越与变革——翻转课堂与项目学习 [M]. 北京：高等教育出版社，2016.

[43] 张学新. 对分课堂：中国教育的新智慧 [M]. 北京：科学出版社，2016.

[44] 黄明，谷晓琳. 大型开放式网络课程MOOC概论 [M]. 北京：电子工业出版社，2015.

[45] 陶行知. 陶行知文集 [M]. 南京：江苏教育出版社，2008.

[46] 谢树平. 思想政治课教育教学及案例研究 [M]. 上海：三联书店，2014.

[47] 王义堂. 新课程理念与教学策略 [M]. 北京：中国言实出版社，2003.

[48] 甘霖. 高校实践育人研究 [M]. 陆有铨，魏贤超，译. 北京：人民出版社，2015.

[49] [美] 霍尔，[美] 戴维斯. 道德教育的理论与实践 [M]. 杭州：浙江教育出版社，2003.

[50] 范兆雄. 课程资源论 [M]. 北京：中国社会科学出版社，2000.

［51］林崇德. 发展心理学［M］. 北京：人民教育出版社，2009.

［52］张骥. 中国文化安全与意识形态战略［M］. 北京：人民出版社，2010.

［53］郭景扬，练丽娟，陈振国. 课堂教学模式与教学策略［M］. 上海：学林出版社，2009.

［54］忻平，吴德勤. 高校思想政治理论课改革发展研究［M］. 上海：上海大学出版社，2015.

［55］胡钟华. 高校文化育人的研究与探索［M］. 北京：光明日报出版社，2018.

［56］马云志，杨宏伟，王学俭. 正本清源——马克思主义原理研究［M］. 北京：中国社会科学出版社，2013.

［57］顾海良. 高校思想政治理论课程建设研究［M］. 北京：中国人民大学出版社，2016.

［58］李林英，郭丽萍. 新媒体环境下高校思想政治教育教学研究［M］. 北京：人民出版社，2015.

［59］杨振斌，吴潜涛. 思想政治教育新探索［M］. 北京：中国社会科学出版社，2013.

［60］郭明飞. 网络发展与我国意识形态安全［M］. 北京：中国社会科学出版社，2009.

［61］王永贵等. 马克思主义意识形杰理论与当代中国实践研究［M］. 北京：人民出版社，2013.

［62］袁克定. 在线学习与发展［M］. 北京：高等教育出版社，2010.

［63］张国良. 传播学原理［M］. 上海：复旦大学出版社，2004.

[64]［美］保罗·莱文森.新新媒介［M］.何道宽,译.上海:复旦大学出版社,2011.

[65]［英］尼克·史蒂文森.媒介的转型:全球化、道德和伦理［M］.顾宜凡等,译.北京:北京大学出版社,2006.

[66]［美］乔纳森·伯格曼,亚伦·萨姆斯.翻转学习:如何更好地实践翻转课堂与慕课教学［M］.北京:中国青年出版社,2015.

[67]［美］克莱顿·克里斯坦森,迈克尔·霍恩,柯蒂斯·约翰逊.创新者的课堂:颠覆式创新如何改变教育［M］.李慧中,译.北京:中国人民大学出版社,2015.

[68]［美］乔森纳·哈伯著.慕课:人人可以上大学［M］.刘春园,译.北京:中国人民大学出版社,2015.

[69]［美］詹姆斯·杜德斯.21世纪的大学［M］.刘彤,译.北京:北京大学出版社,2008.

[70]何克抗.从Blending Learning看教育技术理论的新发展(上)［J］.中国电化教育,2004(3).

[71]李克东,赵建华.混合学习的原理与应用模式［J］.电化教育研究,2004(7).

[72]黄荣怀,马丁,郑兰琴,等.基于混合式学习的课程设计理论［J］.电化教育研究,2009(1).

[73]李威,熊庆年,蔡樱华.试论"慕课"条件下高等教育国际化中的教育主权问题［J］.高等教育研究,2015(2).

[74]杜世纯,傅泽田.混合式学习探究［J］.中国高等教育研究,2016(10).

[75]王萍霞."互联网＋"时代高校思想政治理论课混合式教

学模式探析［J］. 广西社会科学，2017（4）.

［76］赵浚. SPOC 在高校思想政治理论课教学中的应用［J］.
教育探索，2015（9）.

［77］李普华，薛宏丽，赵玉涛. 多主体视域下 MOOC 的混合式
学习探索［J］. 高校教育管理，2016（6）.

［78］王栋梁. 大数据时代思想政治教育需要科学构建对象把握
机制［J］. 思想理论教育，2018（7）.

［79］刘卫平. SPOC 在高校思想政治理论课教学中的应用研究
［J］. 学校党建与思想教育，2015（5）.

［80］赵浚，胡晓红. 高校思想政治理论课运用 SPOC 模式的探
析［J］. 思想政治教育研究，2016（4）.

［81］汪潇潇，聂风华，吴瑕. 清华大学思想政治理论课慕课的
建设与实践［J］. 现代教育技术，2016（8）.

［82］张其亮，王爱春. 基于"翻转课堂"的新型混合式教学
模式研究［J］. 现代教育技术，2014（4）.

［83］李逢庆. 混合式教学的理论基础与教学设计［J］. 现代教
育技术，2016（9）.

［84］石娟，尹睿，张梦叶. 国际视域下大规模在线开放课程特
征分析一基于中、英、美、加、澳五国 MOOC 的比较研究［J］. 比
较教育研究，2016（5）.

［85］任军. 高校混合式教学模式改革推进策略研究［J］. 现代
教育技术，2017（4）.

［85］李梁. "慕课"背景下思政课教学改革的问题逻辑视角
［J］. 中国高等教育，2014（2）.

［86］张学新. 核心素养下的新型课堂［N］. 中国教师报，

2020 - 01 - 22（005）.

[87] 张学新．对分课堂成就新型高效课堂 [N]．中国教师报，2019 - 04 - 24（005）.

[88] 刘震，曹泽熙．"慕课"时代思想政治理论课的挑战和机遇 [J]．思想政治教育导刊，2014（11）.

[89] 李德福．高校开展网络思想政治教育的困难及对策研究 [J]．思想教育研究 2014（1）.

[90] 刘震，曹泽熙．"慕课"时代思想政治理论课的挑战和机遇 [J]．思想理论教育导刊，2014（11）.

[91] 龙雪津．慕课时代思想政治教育课微课程教学模式变革的思考 [J]．中国教育学刊，2014（9）.

[92] 严蓓蓓．MOOC 在高校思想政治理论课教学中的运用 [J]．学校党建与思想教育，2014（4）.

[93] 徐蓉．慕课与思想政治理论课教学生态的优化 [J]．思想理论教育，2014（5）.

[94] 张学新．对分课堂：大学课堂教学改革的新探索 [J]．复旦教育论坛，2014（5）.

[95] 吴先超．"三全育人"视阈下大学生心理健康教育模式创新研究 [J]．学校党建与思想教育，2019（18）.

[96] 高歌，赵丽娜．构建"三全育人"新平台的实践探索 [J]．学校党建与思想教育，2019（20）.

[97] 刘晓燕．"增材"的发展理念对高校"三全育人"的启示 [J]．学校党建与思想教育，2019（22）.

[98] 魏金明．"三全育人"背景下高校辅导员新使命与角色定位 [J]．思想理论教育，2020（2）.

［99］胡守敏．新时代背景下高校"三全育人"研究［J］．学校党建与思想教育，2019（14）．

［100］朱平．辅导员在高校"三全育人"中的角色与定位［J］．思想理论教育，2020（3）．

［101］顾海良．高校思想政治理论课要坚持在改进中加强［J］．思想理论教育导刊，2017（1）．

［102］杨志超．高校思想政治理论课混合式教学模式的建构路径探析［J］．界想教育研究，2016（6）．

［103］王能东，曹飞．高校思想政治理论课教学方法改革创新的思考［J］．国家教育行政学院学报，2017（5）．

［104］赵剑民．高校思想政治理论课团队自主学习模式探析［J］．思想理论教育导刊，2017（2）．

［105］汤俪瑾，黄金．基于慕课的思想政治理论课混合式教学实践研究［J］．思想理论教育导刊，2015（10）．

［106］王艳平．高校"三全育人"的特征及其实施路径［J］．思想理论教育，2019（9）．

［107］刘承功．高校"三全育人"的核心要求、目标任务和实现路径［J］．思想理论教育，2019（11）．

［108］石书臣．主体间性视域下思想政治教育主客体关系的新形态及其建构［J］．学校党建与思想教育，2017（5）．

［109］柳礼泉，陈方芳．党的十八大以来习近平青年教育思想论析［J］．学习论坛，2016（7）．

［110］杨志超．高校思想政治理论课混合式教学模式的建构路径探析［J］．思想教育研究，2016（6）．

［111］张平，丁德智．"三全育人"视域下民办高校思想政治

教育创新 [J]. 学校党建与思想教育, 2020 (4).

[112] 周颖, 陈星. 高校思想政治理论课在线精品课程建设应该 "精" 在哪里 [J]. 思想理论教育导刊, 2017 (7).

[113] 倪娜. 网络教学管理平台对高校思想政治理论课教学的影响 [J]. 思想政治教育研究, 2016 (4).

[114] 金伟, 王珍珍. 试论数据教学在思想政治理论课中的运用 [J]. 思想理论教育导刊, 2018 (2).

[115] 王惠. 重构与困惑: 混合式教学在高校思想政治理论课中的实施与评估 [J]. 现代教育科学, 2017 (7).

[116] 王淑芹, 李文博. "思想政治教育" 概念的廓清与释义 [J]. 思想理论教育导刊, 2018 (8).

[117] 梁伟, 马俊. 高校 "三全育人" 理念的内涵与实践 [J]. 学校党建与思想教育, 2020 (4).

[118] 彭常明. 大规模开放式网络课程一般结构与学习案例研究 [D]. 武汉: 华中师范大学, 2014.

[119] 顾鑫. 高校 "三全育人" 资助育人模式及其运行机制研究 [D]. 长春: 东北师范大学, 2016.

[120] 冯东东. 高校立德树人的现实问题及对策研究 [D]. 兰州: 兰州大学, 2018.

[121] 陈莉. MOOC 发展现状及其对我国高等教育的启示 [D]. 武汉: 华中师范大学, 2014.

[122] 陈柳. MOOC 兴起对高等教育的影响 [D]. 桂林: 广西师范大学, 2014.

[123] 刘道坚. MOOC 教学模式研究——兼析我国当前的探索 [D]. 广州: 华南理工大学, 2015.

后　记

本书写作的出发点是很单纯的，简言之，就是立足当下，总结经验，展望未来。本书研究的核心是当前"火热"的高校思想政治理论课混合式教学，在不断探索和实现教育现代化的时代背景下，笔者对思想政治理论课混合式教学的内涵、特征、理论和现实依据、各主要高校的实践经验、优化路径等方面进行研究。通过对以往经验的总结，找出推动和改进思想政治理论课混合式教学的一般性方法，为高校思想政治理论课改革创新做一点工作。

为写作本书，笔者走访了多所高校，与多位思想政治理论课教师深入交谈，学大家的经验，听大家的心声，悟大家的思路。在交流过程中，笔者学到了很多，这些收获是在平时的学习和工作中所未曾有过的。所谓"独学而无友，则孤陋而寡闻"大约就是这个意思。此外，笔者还查阅了大量资料，在搜集和解读资料过程中，也遭遇不少问题，在解决问题中竟然有了一些启迪，这些也都是在日常工作中不经思考或者思考不深入所不可能获取的。看来，"问题意识"是一个人学术成长的关键。总之，写作本书的过程，也是深入学习的过程。

本书虽然是我个人的学术成果，但严格说来，仅凭我一个人几乎难以完成或者说需要花费更多时间、付出更多艰辛。如果说本书在完成时间、结构框架、内容质量上做到了"恰如其分"，那么一定是因为有来自各方面的关怀。这些"关怀"值得我始终感念铭记。首先，我要感谢"对分课堂"创始人复旦大学张学新教授，是他的对分课堂模式帮助我创新了思维、拓宽了视野。也要感谢高校思想政治理论课对分课堂的实施者和推动者陈瑞丰副教授，她的探索为我指引了新路，使我能够在思想政治理论课教学中做出一点成绩，而这点成绩恰是本书的经验源头。我要感谢广东轻工职业技术学院马克思主义学院储水江院长和湖南有色金属职业技术学院许国强书记，两位领导人格高峻、学识渊博且能亲切待人、奖掖学术，他们为本书的写作给予了大力支持，为我提供了尽可能优渥的写作环境，如若没有这些有利环境，本书的写作必然不会这样顺利。再者，我要感谢刘定平教授为本书的内容结构和写作思路提供的直接指导，感谢好友崔大权老师在资料收集、文献整理和文稿校对上付出的汗水。最后，我要感谢我的先生颜龙荣、我的父亲颜朱苟和我的两位母亲张娥英和龙一兰女士，我能够集中精力埋头于本书写作，完全是因为他们承担起了照顾孩子们的重任，解决了我的后顾之忧。写作本书的经历，使我深深体悟了"哪有什么岁月静好，只不过是有人替你负重前行"这句话的现实意义。

　　本书在写作过程中，参考了一些思想政治教育学的著作和相关论文，谨致诚挚的谢意。限于笔者水平有限，本书难免有不妥之处，挂一漏万之事恐难避免，恳请同行专家、学者和广大读者批评指正。

刘淑娟

2021 年 3 月于湘潭